国家职业能力评价教材

互联网营销师
国家职业能力评价通用知识精编

中国礼仪休闲用品工业协会　编

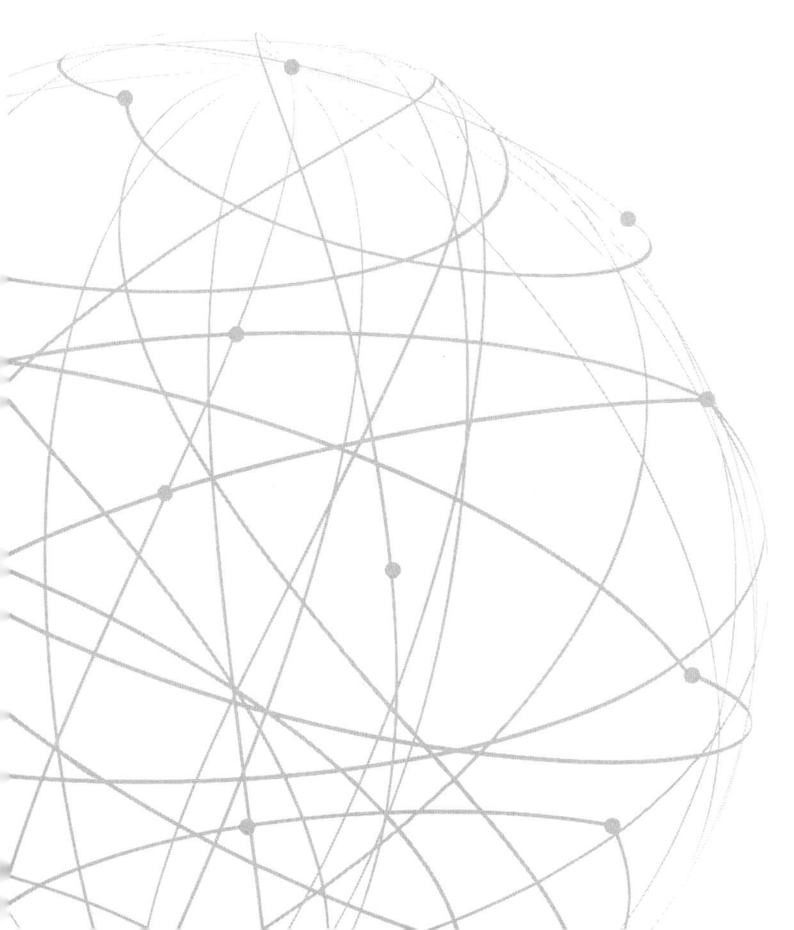

中国轻工业出版社

图书在版编目（CIP）数据

互联网营销师国家职业能力评价通用知识精编／中国礼仪休闲用品工业协会编．— 北京：中国轻工业出版社，2022.7
ISBN 978-7-5184-3982-9

Ⅰ.①互… Ⅱ.①中… Ⅲ.①网络营销—职业培训—教材 Ⅳ.①F713.365.2

中国版本图书馆 CIP 数据核字（2022）第 072979 号

责任编辑：徐 琪　　责任终审：李建华　　封面设计：锋尚设计
版式设计：砚祥志远　　责任校对：朱燕春　　责任监印：张京华

出版发行：中国轻工业出版社（北京东长安街 6 号，邮编：100740）
印　　刷：三河市国英印务有限公司
经　　销：各地新华书店
版　　次：2022 年 7 月第 1 版第 1 次印刷
开　　本：889×1194　1/16　印张：8.75
字　　数：200 千字
书　　号：ISBN 978-7-5184-3982-9　定价：49.80 元
邮购电话：010-65241695
发行电话：010-85119835　传真：85113293
网　　址：http://www.chlip.com.cn
Email：club@chlip.com.cn

220273J4X101HBW

说　明

为规范从业者的从业行为，引导互联网营销师职业教育的培训方向，为职业能力评价工作提供依据，在中国轻工业联合会和中国礼仪休闲用品工业协会的指导和支持下，由中国礼仪休闲用品工业协会互联网经济工作委员会组织编写了《互联网营销师国家职业能力评价通用知识精编》（国家职业能力评价教材）。

《互联网营销师国家职业能力评价通用知识精编》编写委员会

主　　任：刘江毅
副 主 任：杨　帆　王　莹　王献新　林旭东　杨栋国　曹　峰
委　　员：迟静超　田诗嘉　吕　程　张　帅　欧阳常林　黄志华
吴雅琴　朱　勤　张天芬　刘洪涛
主　　编：孙佳琳
副 主 编：暴　杰　岑　麟　韩　莉　李　宁　吕艾燕　孟献巍
莎　娜　王　义　张弘毅
编　　委：刘炫均　王霁野　夏闻超　熊艺均　赵勇辉　裴　轩
吴　雯　张宏伟　王丹凤
编　　辑：靳龙歌　邵世雄

编写单位：中国通信工业协会直播电商分会
中国电视艺术家协会网络直播专业委员会
北京天际华德管理咨询有限公司
北京星工场星文化有限公司
芝士瀚海（北京）科技有限公司
北京亿科智慧工程设计研究院
北京众行博德教育科技有限公司
江西省南昌建安机械职业培训学校
艺途星际（北京）文化科技有限公司
领识集团有限公司
湖南扶摇芒果影视有限公司

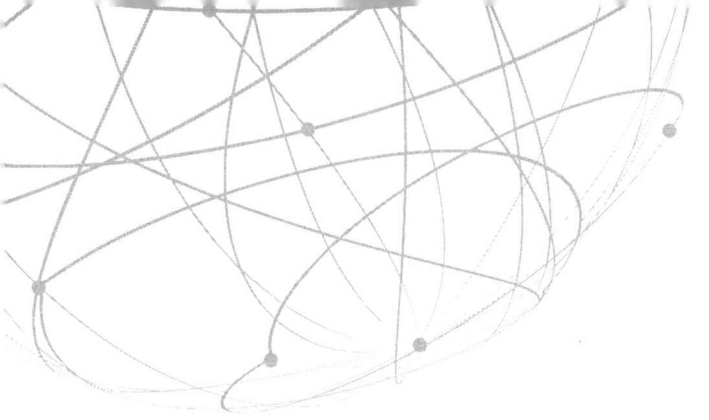

序

随着互联网技术的发展，短视频、直播带货等互联网营销方式快速兴起，催生了多样化的创业就业模式，使互联网营销行业从业人员数量快速增长。同时，这些新的营销方式和手段广泛地覆盖了各类用户，迅速深入现代生活的方方面面。为助力新冠肺炎疫情防控，扎实做好“六稳”工作，全面落实“六保”任务，促就业拓岗位，人力资源社会保障部联合市场监管总局、国家统计局于2020年正式向社会发布互联网营销师等一批新职业。

互联网直播销售凭借其及时性、交互性和无接触等诸多优点成为企业最直接有效的营销推广方式之一，在各个行业商品市场领域多点开花。互联网营销师给客户带来了直观、愉悦、便捷的购买体验。这些在数字化信息平台上，运用网络的交互性与传播公信力，对企业产品进行多平台营销推广的模式，激发出大量中小微企业的活力，受到广大企业和消费者的青睐和认可。随着大数据、云计算、元宇宙、AI、VR等新技术的广泛应用和深入发展，互联网营销作为适应网络技术发展与信息社交、社会变革的新生业态，为推动经济发展和服务美好生活发挥了巨大作用。

直播销售运用数字和互联网信息技术，整合供应商、制造商、分销商、零售商、终端用户，贯通生产、流通、消费、结算各环节，搭建生产、流通、消费的高速通道，为消费者释放出价格红利，为国内国外市场注入了新的活力，成为拉动消费的新动力、企业数字化销售的加速器，在特殊时期为脱贫攻坚、共同富裕做出了积极贡献，是推动解决滞销困局，提振经济的新引擎。

习近平总书记在2022年4月致首届大国工匠创新交流大会的贺信中指出：技术工人队伍是支撑中国制造、中国创造的重要力量。我国工人阶级和广大劳动群众要大力弘扬劳模精神、劳动精神、工匠精神，适应当今世界科技革命和产业变革的需要，勤学苦练、深入钻研，勇于创新、敢为人先，不断提高技术技能水平，为推动高质量发展、实施制造强国战略、全面建设社会主义现代化国家贡献智慧和力量。

互联网营销师作为新时代的新职业代表，从业人员逐年增多，为了提高互联网营销质量，加强互联网营销师思想政治引领和人才队伍建设，发挥互联网营销师在产业发展中的促进作用，向劳动者提供自主就业和灵活就业的通道。我们邀请互联网营销相关领域专家学者、行业研究人员、直播行业资深人士及培训服务讲师，按照国家职业技能标准要求结合职业能力评价工作需要，开发推出了本教材，以满足从业人员对基础知识和专业技能全面学习的需求，加强系统学习与实践，指导互联网营销师充分运用好“互联网+”，在今后的工作服务中，推进线上线下更广更深融合，发展出新业态新模式，为消费者提供更多便捷舒心的产品和服务。

本教材从职业道德和素养、行业发展趋势、直播权限开通、选品、场景搭建、短视频制作推广、直播展示、引流与粉丝运营、订单处理和相关法律法规，用十章六十七节内容系统展示了互联网营销师从理论素养到落地实践的全过程，满足选品员、直播销售员、视频创推员和平台管理员四个职业方向的学习实践需求。将在互联网营销师的规范化、系统化培训评价工作中发挥积极的作用，引导广大从业人员积极把握市场机会，推动“互联网+”实现更大的价值。

教材的呈现要感谢全体参与的领导专家、学者、讲师、互联网资深人士和从业人员，感谢中国通信工业协会直播电商分会、中国中视艺术家协会网络直播专业委员会、北京天际华德管理咨询有限公司、北京星工场星文化有限公司、芝士瀚海（北京）科技有限公司、北京亿科智慧工程设计研究院、北京众行博德教育科技有限公司、江西省南昌建安机械职业培训学校、艺途星际（北京）文化科技有限公司、领识集团有限公司和湖南扶摇芒果影视有限公司的大力支持，共同为中国共产党第二十次全国代表大会胜利召开献礼！

中国礼仪休闲用品工业协会

目 录

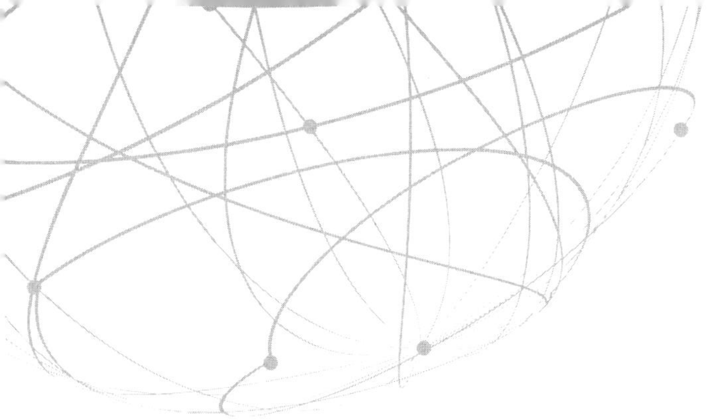

第一章 职业道德与职业素养

第一节　互联网营销从业人员职业道德要求

课程要点：

- 道德和道德的含义
- 什么是职业道德
- 职业道德的具体特征
- 互联网营销师的职业道德

一、道德和道德的含义

道德是一种社会的意识形态，是人民共同生活及其行为的准则和规范。道德通过人们的自律或通过一定的舆论对社会生活起约束作用。在不同时代不同阶段，道德理念也会不同。

道德不是专门机关制定的，没有强制力，而是以善与恶、好与坏、偏私与公正作为一个判断标准。

二、什么是职业道德

职业道德是人们在从事某一职业时应遵循的道德规范和行业行为规范，主要包含职业习惯、社会规范和内心信念等要素。可以调节从业人员之间（同行），从业人员与服务对象之间（客户）以及从业人员与职业之间（行业）的关系。

职业道德主要有以下几个要素：

（1）职业理想：是人们对职业活动目标的追求和向往，是在职业活动中的集中体现，是形成职业态度的基础，是实现职业目标的精神动力。

（2）职业态度：是人们在一定的社会环境影响下，通过职业活动和自身的体验形成的对自己岗位应用相对稳定的工作态度或者劳动态度的一种心理倾向。

（3）职业义务：是每个人在职业活动中，应自觉履行的对他人、对社会应尽的一种职业责任。

（4）职业纪律：是从业者在岗位中必须遵守的规章制度、条例等职业行为规范。

（5）职业良心：是从业者在履行职务和职业义务的过程中形成对职业责任的自觉意识和自我评价。

（6）职业荣誉：是社会对从业者在职业道德活动中的价值所作出的褒奖和肯定，以及从业者在主观认识上对自己的职业道德活动的一种自尊自爱的荣辱意识。

（7）职业作风：从业人员在职业活动中表现出来相对稳定的工作态度和职业风向。

三、职业道德的具体特征

（1）鲜明的行业性：各个行业都有特殊的、不同的道德要求。

（2）一定的强制性：除通过社会舆论和从人与人的内心信念来对其职业行为进行调节以外，与职业责任和职业纪律也是紧密相连。

（3）相对的稳定性：职业一般处于相对稳定的状态，职业道德必然处于相对稳定的状态。

（4）利益的相关性：各种职业道德规范及表现情况，关系到从业人员的利益，促进从业人员更好地履行自己的职业责任和义务。

四、互联网营销师的职业道德

互联网营销师是指在数字化平台上运用网络交互性与传播的公信力，对企业产品进行多平台营销推广的人员。互联网营销师通过线上网络平台面对众多而且不特定的网民进行直播和影响，其受众群体更为广泛。因此，这也要求从业人员一定要具有优良的职业道德。

互联网营销师要严格遵守职业守则：

遵纪守法，诚实守信。

恪尽职守，勇于创新。

钻研业务，团队协作。

严控质量，服务热情。

第二节　互联网营销从业人员职业素养要求

课程要点：

· 关于互联网直播服务的十条重要规定

· 违法行为与内容监管

· 树立职业目标，立足长远发展

一、关于互联网直播服务的十条重要规定

为进一步做好直播管理，2016 年 12 月，国家网信办发布《互联网直播服务管理规定》。在规定中，有十一条与互联网营销师职业息息相关，是必须要学习掌握的。

（1）互联网直播服务提供者提供互联网新闻信息服务的，应当依法取得互联网新闻信息服务资质，并在许可范围内开展互联网新闻信息服务。

开展互联网新闻信息服务的互联网直播发布者，应当依法取得互联网新闻信息服务资质并在许可范围内提供服务。

（2）互联网直播服务提供者应当落实主体责任，配备与服务规模相适应的专业人员，健全信息审核、信息安全管理、值班巡查、应急处置、技术保障等制度。提供互联网新闻信息直播服务的，应当设立总编辑。

（3）互联网直播服务提供者应当建立直播内容审核平台，根据互联网直播的内容类别、用户规模等实施分级分类管理，对图文、视频、音频等直播内容加注或播报平台标识信息，对互联网新闻信息直播及其互动内容实施先审后发管理。

（4）互联网直播服务提供者应当具备与其服务相适应的技术条件，应当具备即时阻断互联网直播的技术能力，技术方案应符合国家相关标准。

（5）互联网直播发布者发布新闻信息，应当真实准确、客观公正。转载新闻信息应当完整准确，不得歪曲新闻信息内容，并在显著位置注明来源，保证新闻信息来源可追溯。

（6）互联网直播服务提供者应当加强对评论、弹幕等直播互动环节的实时管理，配备相应管理人员。

互联网直播发布者在进行直播时，应当提供符合法律法规要求的直播内容，自觉维护直播活动秩序。

用户在参与直播互动时，应当遵守法律法规，文明互动，理性表达。

（7）互联网直播服务提供者应当按照“后台实名、前台自愿”的原则，对互联网直播用户进行基于移动电话号码等方式的真实身份信息认证，对互联网直播发布者进行基于身份证件、营业执照、组织机构代码证等的认证登记。互联网直播服务提供者应当对互联网直播发布者的真实身份信息进行审核，向所在地省、自治区、直辖市互联网信息办公室分类备案，并在相关执法部门依法查询时予以提供。

互联网直播服务提供者应当保护互联网直播服务使用者的身份信息和隐私，不得泄露、篡改、毁损，不得出售或者非法向他人提供。

（8）互联网直播服务提供者应当与互联网直播服务使用者签订服务协议，明确双方权利义务，要求其承诺遵守法律法规和平台公约。

互联网直播服务协议和平台公约的必备条款由互联网直播服务提供者所在地省、自治区、直辖市互联网信息办公室指导制定。

（9）互联网直播服务提供者应当建立互联网直播发布者信用等级管理体系，提供与信用等级挂钩的管理和服务。

（10）互联网直播服务提供者应当建立黑名单管理制度，对纳入黑名单的互联网直播服务使用者禁止重新注册账号，并及时向所在地省、自治区、直辖市互联网信息办公室报告。

省、自治区、直辖市互联网信息办公室应当建立黑名单通报制度，并向国家互联网信息办公室报告。

（11）互联网直播服务提供者应当记录互联网直播服务使用者的发布内容和日志信息，并保存六十日。

互联网直播服务提供者应当配合有关部门依法进行监督检查，并提供必要的文件、资料和数据。

二、违法行为与内容监管

1. 违法行为

根据相关法律、规章规定，目前严打互联网直播的违法行为主要集中在以下几个方面：

（1）新闻造假、蹭热度导致违背相关法律规定。如天津塘沽的爆炸事件，战旗主播打电话给10086，声称该事件是其所为。

（2）避免直播涉及他人的隐私和侵犯知识产权。如大量使用影视作品、游戏视频等，并且不加任何说明，侵犯了原创者的利益。

（3）毫无底线，哗众取宠。如在直播时间进行八卦造谣，或涉及低俗内容、传播色情内容，以及售卖三无或者假冒伪劣产品。

2. 内容监管

网络直播的流动性大，违法行为杜绝起来比较困难。针对这一特性，监管机关通过多种手段进行内容监管：

（1）优化智能审核技术。研发人工智能和审核技术，用人工智能进行辅助审核，构成人机交互的闭环模式。

（2）加强人工审核监管。智能审核技术已可以对图片和信息进行很好地识别和筛选，并进行监管。

但在理解与应用方面，还只能作为辅助判断，更全面、更深层次地清理不符合要求的发布内容，还得需要人工审核的介入，尽最大可能维护网络环境。

(3) 完善智能与人工相结合的措施。先利用人工智能的审核技术筛选出有问题的直播，再通过人工审核进一步筛选，将包含色情、暴力恐怖、时政或者一些敏感的图片和视频识别出来，第一时间进行处理。

三、树立职业目标，立足长远发展

任何违法和违规的行业都不可能长期存在。随着互联网营销人员越来越多，队伍越来越庞大，单凭传统秀颜值、歌舞和讲化妆等内容，要想突出重围是非常困难的。

那么，想要做好互联网营销师，除了要避免违法违规的行为，在进入行业之后，还需要树立职业目标，立足长远发展，找准自己的特色，做好人设❶，找准切入点。只有立足长远，有明确的目标，才能避免目光短浅，跟风炒作，做一些短期行为，这样才能延长自己的职业生命，打造出优质的 IP 和个人品牌！

第三节　互联网营销从业人员知识技能要求（上）

课程要点：

· 行业专业知识分类

· 互联网营销从业人员需要哪些行业知识和技能

一、行业专业知识分类

作为互联网营销从业人员，每一个销售、每一个主播，所从事的产品类目或者从事的主要行业基本上是不一样的。每个行业都有自己的特点与专业知识，所以，作为一名优秀的互联网营销从业人员首先要了解所从事行业的专业知识。

这包括以下三个方面。

1. 产品知识

产品知识包括设计理念以及产品的材质、类型、性能、质量、制作工艺、使用方法等知识。

2. 行业知识

生产同类产品或者具有相同工艺过程，由提供同类型劳动服务的经济活动划分的组织结构体系，被称为行业。每一个行业都有自己的行业特点、行业标准、行业资质、行业准则、行业术语等，这些统称为行业知识。

3. 法律法规

了解专业领域的一些行为规则规范以及与行业相关的法律和法规。如不能做虚假、夸大宣传；不能出售禁售商品；拒绝侵权盗版；拒绝违法言行等。

---

❶ 人设是指人物的设定。

二、互联网营销从业人员需要哪些行业知识和技能

1. 产品展示专业技能

如何展示商品，如何能让客户更清楚、更明白地看到产品的细节内容，以及常用的对比、测试方法等。

2. 具备良好的语言能力

在直播间介绍产品，主播的语言表达能力至关重要，普通话要让大家听得明白、清楚，这是主播第一要注重的专业能力。

3. 文案和策划能力

随着直播2.0时代的到来，应提前写好主播文案，甚至写好直播脚本，让直播流程更规范、更顺畅，所以主播也要有一定的文案策划能力。

4. 制作视频的能力

直播电商人员应会制作短视频用于预热、展示产品等环节。制作视频并发布是互联网营销从业人员的一个基础技能，也是直播电商不可或缺的专业技能。

5. 现场互动能力

直播的核心优势就是能和观看者有实时互动。有效互动能更好地连接主播和客户之间的感情及思想，对互联网营销行业来说是最重要的工具。

6. 粉丝运营能力

得粉丝者得天下。主播的所有收入都来源于粉丝的下单和购买。如何运营好粉丝，就是直播电商从业人员最重要的专业技能。

7. 数据分析能力

在互联网时代、大数据时代，所有的信息、数据都非常丰富。如何利用好这些数据，并通过分析数据指标来配合辅助提高工作效率，是直播电商人员的专业技能。

第四节　互联网营销从业人员知识技能要求（下）

课程要点：

- 专业技能应用的版块
- 主播正确的职业心态

一、专业技能应用的版块

专业技能应用的版块分成以下三个部分。

1. 直播前

在直播前要对专业技能进行充分准备。首先要准备好设备和辅助工具。这很考验主播对设备的操作能力。专业的直播要应用专业的手段来展示产品，考虑好产品的展示方式，也是主播的专业技能之一。

另外还应注重细节，上播之前主播要把妆容做好。基于对产品的了解，对客户粉丝的分析，要把产

品和每天直播的货品进行种类划分，每场直播对货品的搭配和排序都是有讲究的，这些要根据大数据来做直播间粉丝画像❶，根据粉丝的消费能力、购买习惯或者根据直播的时间来调整货品。

2. 直播中

在直播过程中和粉丝的互动至关重要。这会影响整个直播间的氛围、直播的效果以及最终下单的成交量。

想有良好的互动，主播先要有礼貌的态度，清晰准确的语言表达，温和的音调，以及比较好的服务意识和服务理念，还要有专业的产品知识，随机应变的小技巧。同时，每个直播平台都会有辅助直播的工具和软件，比如说点赞、加购物车或者分享等。这些工具都能提高直播间人气、活跃气氛，是为直播间吸引更多流量的快速应用工具。

所有的介绍最终都是为了把产品销售给粉丝、客户。所以，如何引导客户下单，如何引导客户购买商品，这是主播的专业技能。

直播中主播还要注意情绪管理，除互动技巧外，日常的节奏把控也非常重要。主播要调整好自己的情绪，避免受他人情绪影响。

3. 直播后

直播结束后并不是工作的结束，真正专业的主播和电商从业人员要进行很严谨的数据分析。

常见的数据有：开播时长、新增粉丝数、下单数、下单金额，这些都是对整场直播情况进行分析的必要辅助。对发现的问题及时进行调整，是对下一场直播方向计划的有效补充。比如发现本场直播的互动数比较低，那在下一场要改进。如何改进？主播和运营人员可以共同制定一些互动比较多的游戏规则，如抽奖或是有奖问答，以增加直播间的互动数。

通过数据分析可以更清晰地发现直播的问题所在，可以更直接地解决问题。当每一项数据指标都做得非常好的时候，直播间的整体效果一定非常好。同时，还应把直播碰到的一些问题、对下一场直播的规划、客户的产品需求等各方面的内容都记录下来，定期进行总结，这样会提高主播和团队的整体运营能力，效果会非常好。

二、主播正确的职业心态

直播间的气氛、主播的心态与情绪对整个直播电商业务有比较大的影响。树立正确的职业心态是影响整体工作的重要因素。所有直播和电商的工作人员，包括主播、客服、运营、物流、仓储甚至后台的财务，都要有一个积极的态度：踏实、肯干、勤劳、认真、乐观、主动、有毅力，这样才会形成积极向上的团队，最终得到较好的成交效果。

讲究诚信。不仅是主播，整个团队都要讲诚信。每个环节、每个部门、每个岗位都要坚守诚信的原则。

价格合理，按劳取酬。这是直播电商工作人员的重要职业心态。所以要求每个主播、每个团队都要合法盈利。

专业知识造就专业主播，专业技能为主播的成功助力，好的心态也会让人创造好的业绩此外，知法、懂法、守法是主播的最基本素质。

---

❶ 粉丝是来自英语 fans 的谐音，译为狂热爱好者，原指的是追星族或崇拜某艺人、明星的群体，现被直播间引入表示对主播的支持者。粉丝画像是根据粉丝的社会属性、生活习惯和行为等信息抽象出的一个标签模型。

第五节　创客思维与行为

课程要点：

· 创客的产生背景和定义
· 创客与直播电商的关系
· 创业的四个阶段
· 如何选择适合自己的创业项目
· 直播电商创业要做哪些准备
· 直播电商创业实操流程

一、创客的产生背景和定义

创客是一个新兴名词。2014 年 9 月李克强总理在达沃斯论坛上提出“大众创业、万众创新”的号召，鼓励更多的人创业，让更多人收获属于自己的创业财富。

创客即是指一个创新的群体，借助各种智能化工具，把创意想法变成现实，变成最终可以应用的产品。

二、创客与直播电商的关系

直播电商对创客来说是非常好的选择，直播电商创业有几大优势：

（1）人员优势。对团队人员数量要求不高，一两个人就可以启动一个小的创业项目。

（2）场地优势。对场地的要求很低，一部手机，在一个小空间里面，就可以开始创业项目。

（3）成本优势。创业成本很低，对场地、人员甚至对货品各方面的要求都不是很高。

（4）货品优势。直播电商行业里面，货源是非常丰富的。货品可以不是你自己的，你可以帮别人带货，可以把有好货源的工厂企业作为自己的货源提供方，通过电商平台进行直播带货，所以直播电商是小型创业公司非常好的选择。

三、创业的四个阶段

创业可以分成四个阶段：

（1）筹备期。在创业前进行准备工作，包括市场调查、资金筹集、团队组建。

（2）启动期。有了比较好的创业思路，就要把它实现。这一时期包括注册公司、完善人员体系、扩充产品进行测试、运营尝试。

（3）成长期。工作转上正轨，销售量、业务量都有比较好的上升和发展，团队越来越大，产品越来越成熟，所有的这些工作指标都向好的方向发展。

（4）成熟期。正常运转一段时间，已经有一定的客户群体，市场和品牌的影响力越来越大，逐步形成自己的产品和品牌优势。

四、如何选择适合自己的创业项目

在选择创业项目的时候，一般会有以下几个思路。

1. 寻找市场空白

创业就是把信念、理想转变成现实的一个行动过程。在选择创业项目时，首先要想到这个产品或者理念在市场上是否已经存在。如果产品和理念现在还没有市场，是一片空白，这个理念和产品又有比较好的发展前景，有好的应用性能，就可以把该项目作为优先选择。

2. 锚定市场缺口

产品或服务在市场上已经存在，但市场上的这个产品或者服务并没有饱和，还有很大的缺口，这类型的项目也可优先选择。因为它有一定的市场发展空间，能作为一个非常好的补充，创业成功的机会会大很多。

3. 可升级迭代

现在的产品或者服务理念，可进行更好的升级改造，达到更高的层次，提升产品各方面的性能，这也是比较不错的创业项目。

4. 选择自身优势资源

创业者利用现有的资源、特长、应用优势来产生创业的机会也是比较合理的。

在以上 4 种思路中，其实更推荐大家基于自身的考量，清楚自己的优势，从而做出决定，这也是最多创业者选择的思考方式。

五、直播电商创业要做哪些准备

要通过直播电商进行创业，需要做以下准备：

1. 心理上的准备

有一个心理层面的建设，至少要坚持半年左右。直播电商创业不可能一蹴而就，一个账号从零到开始有粉丝，到大家慢慢认可，基本上需要三个月至六个月。

2. 资金场地上的准备

小型团队要有一个半年时间的生存资金，还要有工作场地，这都是不可或缺的要素。

3. 设定一个小目标

不要设定太宏伟的目标，那样执行起来时间长，目标一直遥遥无期，对大家的心理、精神都会有打击，所以要把目标分成阶段性目标。

4. 对货品要有思考

到底选择什么样的货品或者什么样的服务，从业者要认真地思考，应优先考虑自身擅长的产品，并比较好地了解一定的专业知识。如果自身专业度和资源不够，有非常好的货源和价格有优势的产品，也是可以的。

5. 选择适合的平台

主流的直播电商带货平台，有各自的特点和各自的属性，可以基于自身条件、经济状况进行选择。如创业小团队有比较好的内容制作能力，有好的创意，可以优先选择抖音平台。团队内容制作能力一般，但是货品很强、很专业，可以考虑选择淘宝平台。货品和内容优势不大，但是从业者有特别的才艺，特别会沟通，可以优先选择快手平台。

如果一时做不出太好的决定，可以先在平台里面开个账号，进行简单的尝试，最终选择一个适合自己的平台。

6. 组建一个核心团队

前期不建议团队做得太大，那样成本压力会比较大，不适于未来的发展。所以前期核心的小团队特别重要，有些工作可能一人身兼数职，这样最有性价比，也是最容易创业成功的。

7. 做比较详细的创业计划

包括人员的配置、货品的选择、场地的确定与装修、岗位和职责分工、包装耗材配件、场景设计、物流运输考量、财务结算、产品卖点提炼和包装创意等。

六、直播电商创业实操流程

直播电商创业实操流程如下所述。

1. 发现创业机会

寻找创业机会时，不要找个人想做的事，而要找能做的事，创业路就已经成功了一小部分。

2. 形成创业的意愿

确定要做的事，就以其为目标开始创业历程。分析需要哪几项来达成，哪些工作是现在可以完成的，哪些是经过努力可以完成的，哪些是一定要有其他人帮助才可以完成的，可以去学习哪些经验，少走弯路，这样才能比别人更快速地起步和发展。

3. 寻找合作伙伴

在创业初期，困难比较多、收入比较少，所以人员的选择非常重要。在选择合作伙伴时，要找能帮助自己完成创业目标，愿意共同努力、尝试，有较好信任基础的人。

4. 选择创业项目

按照之前讲过的四个维度，去选择创业项目。

5. 制订计划

如何组建团队并分工、确定场地、募集资金、注册公司，这些都是创业必需的流程、过程和手续。

做直播和电商，基本上是提供两种内容：一种是产品，另一种是服务，注册的公司肯定是不一样的。

税务方面，如果是销售类型的，要注册好所有的经营范围。在营业执照范围内没有包含的类目，不允许在网上开这个类型的店铺。

个体工商户企业注册，年销量超过 500 万元就必须要换成法人的企业型公司。那么在账号变更的时候，原有粉丝还有客户、店铺有可能都用不了，若不变更，财务、税务又会出现问题，所以在创业前期要尽量提前考虑全面。

货品来源是否能提供对应的发票也很重要。《中华人民共和国电子商务法》出台后，电商税要逐步完善。想把创业项目做好，未来不留隐患，前期就要把这些内容尽量考虑清楚。

6. 试运营

初期创业要在人力、物力、场地等方面进行小范围经营测试，在没有最终确定之前先不要投入大量的资金。如果通过小范围的测试发现，运营模式、经营方法很有效果，那么再正式进行投入，扩大人员。

大众创业是未来中小型企业的一个发展方向，通过直播电商来创业是一种非常简单、快捷、成本低、风险小的创业方式。制订好创业计划，通过创业的思维、科学的创业方法进行准备工作，能让创业更有效地达成，让创业成功机会更大。

第二章 直播电商发展趋势

第一节　直播基础知识（上）

课程要点：

· 直播平台的规则

· 相关法律法规

一、直播平台的规则

所有直播平台的规则，基本上相同。不能违法，不能做一些不健康的，有违社会公德的、影响社会和谐的事情。

到底什么样的行为，在直播或者电商行业里一定不能做，什么样的行为是没有问题的？掌握以下这三项内容，即可判断言行是否符合平台规则。

（1）不希望未成年人看到、听到、学到的内容，就是不应该在直播中出现的内容。

（2）国家法律明令禁止的内容。法律是不可触碰的红线，所有触碰法律红线的内容都要规避。

（3）《人民日报》或《新闻联播》这种类型的官方媒体上绝对不会出现的内容，也不要让它在直播间里出现。

平台规则，可以分为四个方面：账号规则、内容规则、行为规则和处罚规则。

（1）账号规则。店铺账号、直播账号、支付账号的核心规则是提供的信息要真实、准确，不能有假冒。

（2）内容规则。这是指直播内容方面的规则。例如在直播过程中，推荐产品的话术语言内容；直播的场地、直播的背景里出现的内容；党旗党徽，政治相关的背景。敏感低俗的话题是不允许出现在直播间的，所以这些也是要规避的。

（3）行为规则。包括主播的语言和动作。直播带货的过程中，抽烟、说脏话、“开车”、造梗等这些行为都是平台禁止的。

（4）处罚规则。这是平台根据违规行为的轻重，进行处罚的规则。最常见的平台违规有几方面：第一个是引流到线下或站外，把平台的流量引导到平台以外进行交易。第二个是刷单，这种造假行为平台也是严格抵制的，因为平台要维持公平竞争的环境。第三是刷号和双号情况，双号是指同一个人、同一个团队注册很多个账号发同类型的内容或者广告，以获取平台的免费流量，刷取平台的流量支持。刷号相当于占用了平台比较大的资源，是平台所不允许的。第四个是造假，造假不仅指货品造假，更指的是信息造假，这种行为会造成平台推送、平台流量分发、平台资源占用等不公问题。这些都是假数据，造成资源浪费，是平台端会严肃处理的行为。

二、相关法律法规

2019 年国家颁布了《中华人民共和国电子商务法》（以下简称《电商法》），之后又不断颁布相关的法律法规。与电商平台相关的法律法规，有以下几方面：

第一条：严禁涉政涉黄。

第二条：避免涉及宗教暴力反动。涉及宗教、封建迷信内容等也是不要去触碰的。

第三条：售卖假货欺诈。自己不能做这种事，同时也要防范这种诈骗行为在自己直播间发生。因为直播间里面的粉丝，是基于对主播、直播间的信任，才来直播间下单交易的，因此也要保护买家的合法权益，尽量不要因此产生交易风险。

第二节　直播基础知识（下）

课程要点：

· 常见违规情况

· 做好直播电商需要做好哪些方面的准备

· 直播场景的风格和类型

· 直播设备简介

一、常见违规情况

常见的违规情况有以下几种。

1. 挂空镜头

主播因为工作人员不足、疲劳、接电话、流量不错不愿断播等原因，做出挂黑板、摆放货品等无人空镜头，这也是违规的行为。平台更希望主播能发布有内容、有质量、有意义的内容。空镜头虽然拉长了直播时长，但是进来的粉丝很快也就走了。而且，进来的粉丝如果想购买、咨询，主播无法与其互动，这都是平台不提倡和忌讳的。

2. 版权内容露出

如主播在直播期间，边看电视剧，边跟粉丝聊天，并且在直播间露出了电视剧画面，这种情况也会被处罚。因为主播看这些广播电视内容的时候，其实是同步把这些内容通过你的直播间进行了传播和展示，但这些内容是没取得相关版权授权的，所以在平台播放这种没有取得版权授权的内容，也造成了直播间的违规。

3. 穿着暴露，有文身

进行直播的主播为吸引人气，身上画满了文身，或者镜头长时间聚焦在一些比较敏感的部位，这些都是违规的常见问题。

4. 销售假冒盗版仿制商品

所谓的“大牌一比一”[1]，或者是盗版的鞋帽，这些无疑是违规的。

所以在进行直播销售前一定要甄选好商品，确定好直播的内容，避免违规情况发生。

5. 不退不换

产品符合要求，内容也符合要求，但是在进行营销时，标明一些特价产品不退不换，这种情况也违规。因为基于《电商法》，除非是食品，属于马上进口不能进行退换的商品，《电商法》规定其余的商品应是7天无理由退换的。

6. 线下引流

在直播间写一些小纸条，上面写了主播的联系方式、微信、信息、电话、地址，既涉嫌泄露个人信息，也有线下引流的嫌疑，这也是违规的。

无意透露以上信息也是不可以的，例如：某商家在直播时，来了个外卖小哥，把外卖放在了旁边的桌子上，外卖里有一张广告宣传单。而主播在直播展示商品时，他随手把广告宣传单垫在商品下面，画面显示了广告宣传单上面的地址电话内容，这样也造成了违规行为。

目前，平台对违规行为的检查有多种方式，除了有人工检查外，还有电脑检查，即设备检查。设备检查里面，会有语音识别和图像识别的功能。语音识别就是当你说到敏感词的时候，通过语音识别功能，识别到你的直播间，如果你持续在直播间里说涉黄、涉政的敏感词，平台马上就可以把你的直播间拉停。还有一种识别方式是图像识别，通过电脑的图像识别功能看到你直播间内出现了电话号码、微信号、地址这类信息，平台会自动识别，进行拉停。

二、做好直播电商需要做好哪些方面的准备

做好一个直播，需要准备以下几方面的内容。

1. 账号

账号有直播账号、店铺账号、支付账号、推广账号等各种各样的账号。账号的运营、账号的权重、账号的等级都将影响转化直播销售的交易金额，所以账号是在前期做直播电商工作的基础准备。

2. 店铺设置、装修和产品上架

店铺对粉丝有直接的影响。除了账号，店铺在互联网上还有一个重要的组成——货品。如何能把自己认为比较好的货品推荐给买家，也是在做直播电商之前要考虑的重要内容。

3. 选品

在找寻货品时，如何判断该类型货品是否适合直播销售？目前，电商平台上直播卖得比较好、排名比较高的产品，就是比较适合的商品。如直播带货概率最好的前三类是服装、珠宝、化妆品，如果选品不涉及这三类，那就要思考个人所能找到的、所擅长销售的产品里哪种更适合直播电商，哪些是非常不适合销售的。

需要注意的是，一些需要体验式销售的产品，是要通过使用者的感受去打动用户的，但通过直播没办法直观呈现出来，这种产品就尽量不要选择。此外，物流比较困难的商品，在创业初期，也尽量不去选择。比如大型家电，体积比较大，物流运输成本比较高，开播初期尽量不要选择。价格相对透明，利润空间也不多的产品，也不建议选择，特别好的货源除外。

三、直播场景的风格和类型

直播只是店铺运营的一个组成方面。店铺运营还包括：产品图、产品链接的制作、产品的展示以及店铺的广告投放、售后、维护、评价管理，这些都是店铺运营的重要组成部分。

---

[1] “大牌一比一”是指高仿产品。“一比一”是指用大品牌原厂的原料制作，与大牌产品外观上看不出任何区别。

想好了卖什么货、在哪儿卖、怎么卖以后，具体的操作就是组成直播电商小团队，然后确定场地开始直播电商的工作。此时可以学习一些直播场景的装修小技巧，起到很好的助力作用。比如，通过转换背景墙，让买家、客户、粉丝看到不同风格的直播间。手机或者直播摄像头，其所展示的角度是相对有限的，很难全景展示整个直播间环境，多数情况展示的就是主播身后背景墙，或者只是一小块区域。在装修时，不同区域设计不同风格，从而给直播间更多的背景展示，这样做又省钱又节约场地。

在装修直播间时，经常会有多种不同类型的装修场景。人货场中的场在很大程度上就是指直播场景，常用的直播场景有以下三种。

1. 专业型直播间

特点是简洁清新大方、色彩明亮。直播间的背景，基本上就是货品货架，大家一进来就可以看到，是专业的直播间。

2. 情景型直播间

这是时下非常流行的直播间装修手法。例如：卖的是食品，直播间可以像一个厨房，在销售食品的时候，大家代入感更强，展示效果更好。

3. 卖场型直播间

卖场型直播间是让粉丝看到像一家精品店或者是专业的销售市场，这样可以给粉丝专业的体验。

三种类型的直播间各有各的优势，在选择时，可以根据自己的产品情况、直播风格来进行选择。

四、直播设备简介

直播设备会不断更新换代，从业人员要根据自己的产品、直播风格来进行选择和调整。目前，常用的直播设备主要有以下两种。

1. 手机

手机的优势就是简单快捷。

2. 专业推流设备

优点是设备清晰度高，场景切换流畅，可以多机位进行直播，还配备了音频设备。音频设备可以增加直播间音乐特效、背景音乐，给直播间带来更多的感受。

有些直播间会通过多机位进行远近多镜头切换直播；有些直播间是同时展示两个画面，一个画面展示的是货品，另一个画面展示的是主播。这样通过多机位直播可以更专业地展示产品。

还有一些直播的工具专业性更强。直播电商领域的外景直播，需要借助无线的直播设备、无人机等，某些大型农业直播节目，直接用这种无线的高清设备在现场进行直播，主播在田间地头采摘果实，实时给大家展示并进行现场销售。

另外，还有一种形式是借用影视技术里面的绿幕抠像❶，可以切换不同动态背景。将 3D 手段加入到直播间，出现虚拟主播、动画人物，然后通过传感器在直播间里进行虚拟主播的直播销售。

虽然越来越多的新兴技术和设备不断出现，但对初学者来说，用得最多的还是传统的手机直播。这时，灯光就是直播过程中比较重要的设备，可以提供高质量光源，在直播画面里把产品拍摄得更清晰。

直播设备的迭代和升级，代表着直播电商未来的趋势和无限可能。例如某种触觉传感器，主播戴上后，可以把产品的触感通过传感器传输到网络，如果买家这边也有传感器的接收客户端，通过佩戴客户端，也能同样感受到主播触摸到产品的感受。

行业未来的发展方兴未艾，拥有无限可能。但千里之行始于足下，当下要做的就是不断夯实自己的基本功，一路走下去，变得更好。

---

❶ 绿幕抠像是指剪辑或拍摄中把绿色部分抠出，只留下其他部分。

第三节　直播电商发展现状及趋势

课程要点：

- 直播电商的发展历程
- 现阶段直播电商平台的类型
- 主流直播电商平台及特点
- 未来的发展趋势

一、直播电商的发展历程

20 世纪 90 年代是大市场——大型的批发市场、大型的商场作为销售主渠道的年代。2000 年开始，最初的电商（现在称为传统电商）出现了。PC 电商、搜索型电商，是指大家在电商网站上进行产品搜索，通过看产品的介绍下单购买。从 2008 年移动电商开始出现一直到 2016 年下半年，淘宝最先开发了直播电商的模式。2017 年直播电商正式上线，开始了直播销售的新历程。

互联网营销平台的发展历程一共经历了四个时期，分别是探索发展期（2005—2014 年）、流量红利期（2015—2017 年）、商业变现期（2018—2019 年）、深度渗透期（2020 年至今）。

1. 探索发展期

直播平台初现，PC 端是主要流量入口。常见直播类型中，以秀场直播为主，也有部分游戏直播。

早在 2008 年，9158 就已开创秀场直播模式。随后，YY、六间房等平台相继入局，秀场直播渐成规模。2014 年，YY 将游戏直播业务独立为虎牙直播。同年，A 站生放送直播独立并改名为斗鱼 TV，定位游戏垂类，游戏直播开始进入视野。

2. 流量红利期

直播平台纷繁杂多，流量入口逐渐从传统 PC 端过渡至移动端。直播规模爆发式增长，2016 年更是被誉为“直播元年”。以游戏为代表的泛娱乐直播是这一时期直播生态的重要组成部分。

2015—2017 年，4G 技术普及，手机直播由于不受设备、场景等限制开始迅速普及，推动全民直播的出现。同时，由于直播功能的创新，直播平台以及资本纷纷入局，再加上政策支持，直播行业一度出现“千播大战”的局面。期间，政府出台《电子竞技赛事管理暂行规定》等游戏行业相关政策，进一步推动了游戏直播的发展。

3. 商业变现期

行业稳定发展，流量红利渐退，政策监管趋于规范，直播电商于电商平台和短视频平台兴起，逐渐成为直播行业的重要变现形式。虎牙等游戏直播平台也开始盈利。

2018 年，淘宝直播有 81 名主播成交额破亿元，超过 400 个直播间每月带货超过 100 万元。同年，虎牙首度盈利，全年营收 46.6 亿元，净利润 4.6 亿元。2019 年，淘宝直播在“双十一”期间仅用了 8 小时 55 分，就实现了引导成交破百亿元的情况。而虎牙也实现了再度盈利，净利润增至 7.5 亿元。另一头部游戏直播平台斗鱼也扭亏为盈，全年营收 72.8 亿元，净利润 3.5 亿元。此时期，直播的商业价值凸显。

4. 深度渗透期

受黑天鹅事件“疫情”影响，线上化需求强烈，多行业青睐直播形式，加速了直播行业的发展与渗透。

2020 年，直播的辐射范围进一步拓展。从直播平台来看，多个平台开发直播功能，开放直播流量入口、出台直播扶持政策；从直播品类来看，教育、汽车、房产等以线下运营为主的行业也开始试水线上直播；从直播主播来看，主播群体更加多元，除了直播达人，越来越多的明星、KOL（关键意见领袖）、商家、政府官员等开始进入直播领域。

二、现阶段直播电商平台的类型

平台是什么？平台就是通过互联网传播，对他人进行互联网应用服务的技术类型平台。

互联网平台中一般有三类用户：一是互联网平台的技术提供商，也就是平台的技术服务公司；二是终端用户，就是买家；三是第三方服务商，也就是卖家。整个互联网平台，通过技术手段把买家和卖家紧密地连接起来，替代了传统商铺、传统市场的一些功能。

迄今为止，互联网平台有三大主流类型：搜索资讯播放类、社交购物类和商业服务类。而对于做直播的人群来说，互联网平台里面，直播平台也分为以下三种类型。

1. 影音娱乐型直播

影音娱乐型直播主要是以影视、游戏直播为主的，收益方式主要是以作品播放、下载收取会员费，对主播的打赏进行收益。

2. 秀场型直播

秀场型直播主要是通过主播在平台上进行才艺展示，粉丝和客户对喜爱的主播进行虚拟礼物打赏或者支付会员费来完成整个交易过程，类似观看线上的表演支付线下门票。

3. 电商型直播

电商型直播主要是以销售货品为目的，它的收益来源是以销售货物产生销售佣金来进行收益。

有些直播平台，也会在不同直播类型间进行转换，兼有多种类型功能，可以称之为综合性平台。它既有游戏的直播也有秀场类型的直播，同时也会进行带货行为。

这意味着现在的直播平台已不像过去那样有清晰的划分，而是在慢慢进行相互融合。在这些综合应用型平台里面，也有两个大的类别划分：一个是媒体及娱乐型；一个是商业及服务型。

作为新人，应该选择什么平台做直播电商呢？首先要明确知道主流直播电商平台都有哪些，特点是什么。

三、主流直播电商平台及特点

1. 淘宝直播

它和社交及媒体娱乐型平台不太一样，是专业的电商平台。其特点和优势是日活量大，受众的目的就是购物，简单直接。

2. 抖音

抖音直播平台在这几年增长快速，流量爆发。它的直播流量已经超过了淘宝、快手。抖音有个比较大的特点，就是视频内容质量为第一要素。只要视频内容质量好，它的流传分发速度会非常快。抖音是第一个推行质检物流一体化理念的平台，它杜绝平台产品的假冒伪劣问题，给直播和电商领域带来了新的发展。

3. 快手

快手直播平台的特点是粉丝和主播以北方三线城市的人群为主，更喜欢贴近现实生活的主播和内容。快手平台里面的主播、直播的内容和分享的内容都非常贴近生活，所以快手平台吸引了很多中小城市用户，主播和粉丝之间的黏性也非常强。可以说快手平台是人设非常强的平台。

4. 腾讯看点

2019 年底，腾讯看点直播推出了“引力波计划”。希望从 2020 年开始，微信平台能助力 10 万家商家通过直播来获取更好的流量，从而完成商业变现，扶持超过 1000 家商家通过直播电商突破 1000 万元的年成交额。现该计划依托腾讯庞大的日活用户量，已经具备条件。

四、未来的发展趋势

从传统电商的淘宝看图买货到抖音快手互动交流沟通，主播和粉丝之间已经超越了单纯的买卖关系。通过微商、朋友圈购物，建立了熟人社交的消费群体，所以未来直播电商还会有更多的发展态势。

未来不只是销售产品，越来越多的服务类产品也会进入直播电商领域。比如律师服务、打折服务，将线上和线下逐步融合，进行一体化销售。从产品到服务，从实体到虚拟产品，都是未来直播电商的发展趋势。

通过新型直播电商和传统电商的对比，可以发现直播电商的销售模式在时间成本、社交成本、购物方式等方面有非常明显的优势，在未来有更多的发展空间，也会有更巨大的应用领域。5G 时代，因为有更大的传输带宽，有更快速的传输媒介，有更先进的设备，直播电商行业会有突飞猛进的增长，有可能让大家有线下一样真切的现场感和体验感。

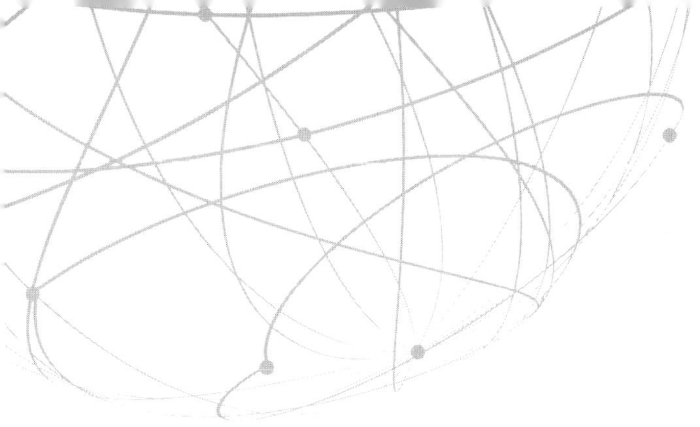

第三章 开通直播权限

第一节　直播账号定位

课程要点：

- 创建直播账号的意义
- 直播账号如何创建
- 直播账号定位的作用和原则
- 矩阵账号群的定义

一、创建直播账号的意义

创建直播账号的意义有以下四点。

1. 拉新

通过直播行为、直播活动，把优质内容以及产品分享给粉丝，并且跟他们实时互动，获取更多新客户。通过优质内容分享、好的产品推荐，让粉丝产生兴趣从而购买，收到产品会介绍身边的人来关注直播。

2. 促活

通过直播发布，把更多的促销活动分享给新老客户、粉丝，提高直播店铺和网店粉丝的活跃度，让粉丝更清晰、更易了解到促销活动，增加回访率，提高销售留存。

3. 增加权重

通过优质内容推广、好产品推荐，让粉丝更感兴趣。通过互动行为增加粉丝停留时长，从而增加店铺的权重。

4. 促进成交

在前面的这些行为，以及直播过程中的各个环节都做得很好的情况下，比较容易促成交易。通过直播推广宣传，创造产品的销售机会，最终促进成交，提高销售额。

二、直播账号如何创建

做好直播首先要起好名字，这可以第一时间让粉丝有比较直接的感知，可以清晰明白直播间、主播是什么样的类型，所以账号起名是有规则的。

（1）网店账号的名字。通常是由品牌、字号再加类目、店铺类型组成，按照这个规则去起店铺账号的名字。

（2）做直播的账号名字一般可以用主播的昵称，再加商品的风格，再加类目组成。

（3）主播的名称一定要简洁、有特色，这样容易被记住。可以用生活当中的名字，也可以用艺名，但要注意避免生僻字、有歧义的字出现。

（4）账号群的名字。账号群是由运营团队所创建的一组账号，它是用统一的运营方式，统一的管理方式在同平台或多平台去管理运营的一组账号。如果一组账号出现在同一平台，建议取名时要避免直接关联性的内容，避免万一单账号出现违规行为，牵连到一组账号。账号群起名字，要以类目去起名，或将类目和主播的昵称结合起来，组成账号群。

（5）账号的昵称以及头像的创建。这是粉丝进入直播间之前，最先映入眼帘的内容。头像的创建要遵循三个原则：易识别性、特异性、合规性。昵称要避免敏感字和违规字出现，要有法律意识，不要打擦边球。

三、直播账号定位的作用和原则

直播账号的定位非常重要，在开展直播业务之前，首先要把自己的账号定位想清楚、想明白，信息明确地把定位做好。在直播业务整个过程中都要围绕着定位去开展。

1. 直播账号定位的作用

（1）定位明确可以让用户快速地了解你是谁，你是做什么的，明确第一印象。

（2）通过定位做思考差异化。让用户了解你的特点、优势，通过差异化突出重围。

（3）明确内容生产以及变现的方向。定位清楚，能通过内容、优势、产品进行变现，才能做好直播业务。

（4）迎合所选择的直播平台的特色、特点和要求。清楚在该平台上所做的活动行为、内容生产、产品介绍等是否符合平台的规范。迎合平台的喜好就会获取到平台推荐的免费流量，能够得到平台的扶持，进而实现变现。

2. 直播账号定位的原则

（1）垂直原则。垂直就是账号的定位是垂直领域，包括要获取哪方面的粉丝，要做哪方面的内容，都是要定位清楚的。

（2）价值原则。价值原则即是指要定位做精品账号，做有价值的账号。主播的活动行为、内容制造、内容推广，都要依据这个原则。价值体现要从粉丝的角度去考虑，账号所做的一切行为都是为了用户、粉丝，为了客户能够在这个账号上获取价值。

（3）差异原则。人无我有，人有我精。诸如内容制作的表达方式，视频作品的视觉效果，产品的选择推荐方式、方法等，都要呈现差异化，使其体现到整个直播的过程中。

（4）持续原则。直播行为是持续性的行为，是厚积薄发的行为。在持续运营发展的过程中，不断地去优化内容，优化产品，这样才能积累用户，从而在直播电商里获取利益。

账号定位，首先要分析行业数据；其次，分析自身的条件以及能力；最后，学习同行的竞争品类。了解竞品的特点，去分析优劣，从而找出差异点，进行超越。

可参照的定位公式：账号=表现形式+表现领域。

四、矩阵账号群的定义

矩阵账号群是由多个账号组成的，覆盖全领域以及多平台的账号群，账号与账号之间，粉丝是可以互通的，可以用软件一键同步，把要展现的内容同步到多个账号，这样可以提高工作效率，获取更多粉丝与收益，多渠道提升内容展示量。

直播是销售的有力武器，想做好直播，起名是非常重要的，同时要精准地做好账号定位。在逐渐熟悉电商直播之后，可以尝试去做矩阵账号。

第二节　直播权限开通（上）

课程要点：

· 主流直播平台各自特点
· 直播账号的种类和特点
· 直播权限的种类和特点
· 权限的连带责任以及违规处罚的不同力度

一、主流直播平台各自特点

现阶段直播电商业务的主流平台有三个：抖音、快手、淘宝直播。三个平台各自有很明显的特点：

（1）抖音是内容制作平台。非常看重内容制作的质量，是以优质内容制作、分发而获取流量，从而达到销售转化。

（2）快手是非常强调主播能力的平台。主播的人设非常重要，直播销售是随主播人设而产生。

（3）淘宝是电商基因最好、时间最久、工具最完善的电商平台。强调的是货品及质量。

二、直播账号的种类和特点

直播账号分成以下四类。

1. 个人主播

入驻主体是个人。个人做内容分享及产品销售。

2. 店铺主播

入驻主体是企业。主播是企业的员工，直播行为是围绕着店铺所销售的内部产品，收益归店铺企业所有，主播只是店铺的一分子。

3. 达人主播

达人是某行业或者多个行业里面的优秀人才。他有比别人更强的能力，通过专业能力向平台申请直播账号，用自己对一个或者多个行业的知识积累做直播，把产品销售给粉丝。

4. 机构主播

以 MCN（多频道网络）机构为主体向平台申请账号。通过专业的运营机构，对主播进行培训，整合货源，再通过被培训主播而做内容推广以及销售。

三、直播权限的种类及特点

1. 直播账号的重点权限

（1）直播权。平台接收到账号的开通申请，审核通过后，会开通直播权。直播权就是可以在这个平台里面发布内容，可以开通直播。

（2）直播销售权。在获取直播权后，在合法合规的前提下，没有相关的资质资料，是不能有销售行为的。提交了相关的资质以后，平台审核通过就会开通直播的销售权，直播账号除了可以做内容推广外，还可以做直播销售产品。

（3）推广服务权。推广服务权对直播账号非常重要，主要用于获取流量。不管是付费还是免费的流量获取，都必须要先拥有推广服务权。获取推广服务权，证明平台对直播账号的合规性与合法性已经认可，允许在平台去做推广，获取更多的流量做直播销售。

（4）降权。每个平台都有降权。降权是因为在直播过程中，违反平台的规章制度或法律法规而受到处罚。降权会影响账号获取流量和销售。

2. 申请账号、申请权限的要点

（1）申请账号、申请权限必须要进行实名认证。

（2）提供行业资质，相关的资质必须要一一对应，如果资质不完善或不对应，会影响权限申请。

四、权限的连带责任以及违规处罚的不同力度

平台会有连带责任的审核。如张三在抖音平台注册了一个账号，但这个账号在运营过程当中，严重违反了平台的规则，这个账号被平台处罚清退，那么张三再次以本人身份证以及自己原来的资料，向平台重新申请另外一个直播账号，就不容易被审核通过。

常见的违规处罚方式分轻、中、重三种。轻度的违规，会对账号进行扣分或者罚款，还有可能扣取部分或者全部账号的押金。比较严重的违规，则会直接关停账号。另外，违规之后还会受到限流、限制推广等处罚，会取消直播浮现权、推广权等。最严重的会被追究相关人员的法律责任，封杀相关人员的形象。

轻度的违规，一般交清罚款，在不再犯的情况下，即可恢复评分，之后可以重新开播。中度的违规在一定的经营周期内，要做好做优，来弥补之前违规所造成的损失，提高评分，才能恢复直播账号的健康运行。如果是重度违规或违法的行为则无法解除处罚，甚至要连带责任人责任，店铺也会被处罚，还要承担法律责任。

第三节　直播权限开通（下）

课程要点：

- 权重的定义
- 如何做好直播间权重

一、权重的定义

权重是影响综合排名的重要的动态参数指标，是平台针对产品店铺直播间、主播的特色等给出的依据，是综合指数评分计算出来的数值指标。简单来讲就是影响排名、流量获取的重要参数指标。

权重贯穿并影响整个直播活动。权重高，直播间排名就会高，曝光量就会大，粉丝看到的机会就多，转粉量、销售量就会增加。

二、如何做好直播间权重

做好直播间的权重，先要了解“千人千面”的概念。它是一种根据大数据分析而获取的算法，依托每一个平台的大数据，从用户的性别、年龄、搜索习惯等信息中抓取一些特征与直播间进行匹配。

直播间及账号定位精准，内容产出有针对性，产品介绍有针对性，迎合了平台“千人千面”的算法，直播账号就可以比较健康地发展成长。

清楚了“千人千面”的算法，了解权重的意义所在。整个直播的行为，还有整个团队、产品的配置、内容制造推广的方式方法都将围绕着“千人千面”算法以及权重去设置。

做好直播间的权重，可运用 PDCA 循环法，比较简单地帮助大家去记忆。

1. Plan（计划）

直播要有一个计划，制定直播方针，确定直播目标，按照自己的直播计划做好准备。

2. Do（执行）

按照制订的计划去运作、执行。

3. Check（检查）

在执行过程当中，要不断地去总结以及检查效果。获取了多少个点赞，有多少个评论，介绍产品时是否按照计划，5 分钟介绍一个产品，是否按照顺序介绍产品，有没有遗漏等。哪里做得好，哪里做得不好，效果是好还是不好，找出问题所在。

4. Action（行动）

检查发现问题，总结成功经验。知道怎样更好地做好标准化，更好地把好的方面循环下去，把不好的方面进行纠正和优化。

这四个过程不是运行一次就结束的，它是反反复复周而复始地进行循环、阶梯式地往上升的过程。通过这个过程自然而然地把不好的环节去掉，把好的环节延续下去，把创新的东西融入进去，就会间接地提高直播间的权重。

第四节　直播团队的岗位职责

课程要点：

· 直播团队的搭建

· 直播团队的岗位与职责

· 直播团队绩效考核

一、直播团队的搭建

搭建团队先要考虑的是岗位设置，其次是工作内容，然后是工作流程，而制度规则因企业和商家内部的管理机制不同而有所区别，无法一一涵盖，在制定的时候依据自身的情况即可。

二、直播团队的岗位与职责

直播行为不是由一个主播构成的，必须要有团队，它主要由以下几个工作岗位构成。

1. 项目经理

项目经理的岗位职责主要有：确定直播目标；制订直播计划、直播以及网店规划；推广获取流量、粉丝客户；维护提高复购率；协调组织架构图里每一个部门的工作人员。

2. 主播

其他的部门都是围绕着主播而设置的。主播的岗位职责有展示、带货、实现细分直播目标、吸引转化粉丝、增强粉丝购买和提高销售业绩。

3. 运营人员

运营人员主要是财务和行政部门人员，其职责是做好记录以及报表统计，并将数据反馈给项目经理，对工资福利、利润分配进行管理。

4. 客服团队

客户服务的岗位职责有两点：一是在直播过程中，做好现场粉丝的解释接待工作；二是售后工作。客服要遵循及时耐心、专业负责的工作原则。

5. 仓管部门

仓管重要的岗位职责也有两点：第一是采购，精挑细选产品，了解同行竞品，做好质检以及发货；第二是盘点，清晰地知道库存货品的品类及数量，衔接直播部门及客服部门，对每天的入仓出仓进行管理。

三、直播团队绩效考核

直播团队的绩效考核有以下几个方面：

（1）工作业绩。

（2）工作能力。工作能力包括知识掌握程度、团队协作能力、任务的执行能力、个人的学习能力和创新能力。

（3）工作态度。工作态度体现在每天是否准时上班、准时安排时间学习，工作状态如何，有无责任感等。

要做好直播必须要有团队，要由基础岗位构成。明确每个岗位的职责，工作重点，确定团队绩效考核方式，就可以调动团队的主观能动性，从而达到做好直播的目的。

第五节　直播平台操作（上）

课程要点：

· 直播前的准备工作

· 直播间场景推介

一、直播前的准备工作

1. 厘清思路

直播前的准备工作包括账号以及店铺的开通。最关键的是定位不能错，要依托于自身的实际情况去确定到底想卖什么产品，能卖什么产品。

确定好要卖什么，店铺销售的类目就能确定。然后根据定位、团队的实际情况去分析选择平台。

最后要确定让谁去销售产品。如果自己是老板，想上网开小店，开直播权限自己来卖，称为店铺直播。如果是工厂，是源头，有设计能力、生产能力、专业的销售团队，可以把货品整合好，找优秀的团队达人[1]去销售，称为达人代播。

2. 注册店铺

店铺主要功能是配合直播使用的，它还具备收款、产品上架、设置促销优惠活动的功能，所以店铺

[1] 达人是指通达事理、技艺超群。在网络中是指某个领域出类拔萃的人。

注册非常重要。

店铺注册比较简单，提供相关的店铺资质、企业资料以及企业的法人信息，实名认证或者是账号打款认证就可以。

3. 直播账号申请

直播账号是在直播活动的过程中通过直播账号的权限，介绍主播、产品、直播活动、日常生活、跟粉丝互动等的工具。

直播账号注册，需要提供身份资料，绑定银行卡以及人脸识别、在线考试环节，抖音及淘宝平台的在线考试是必不可少的。

现在各个平台都有新手学习的白皮书，包含了法律法规、平台规则以及玩法介绍，这些对在线考试非常重要。

4. 产品上架的设置

做直播电商要有展示场地，要把所销售的产品上架到网店。

第一个重点是商品类目选择，卖什么产品就应该按照平台的规则去选择。类目选对了，既符合平台的规则，又方便粉丝搜索下单。

第二个重点是产品的详情图。让消费者、粉丝能够清楚、简单、便捷、一目了然地了解产品。

第三个重点是商品名称。标题如何用一句话概括，能够让粉丝一目了然，清楚知道是什么产品。重点在不要太啰唆，只要有规律地去描述产品，让客户一目了然，这个商品名称就合格了。规范的商品名称是品牌加系列名称，最好标注男女，再加货号。

上架的时候要有产品价格以及运费描述，如果这些产品上架的设置都完成了，就可以进入开播的环节。

二、直播间场景推介

直播讲究人、货、场，其中场就是直播间。比较好的场景应用有两种：

1. 专业型直播间

此类直播间体现出专业性，让粉丝第一时间就能清晰明白地感受到直播间的专业度，增强粉丝对直播间以及主播和产品的信任，这就是场景能起到的良好作用。

2. 精品店卖场型直播间

此类直播间显得高端、大气。粉丝进入直播间后，像在逛商场。主播引导粉丝做场景导入，同时让粉丝更加容易地进入直播间的状态，直播氛围还可以影响粉丝，这就是布置直播场景的最主要目的。

第六节　直播平台操作（中）

课程要点：

- 直播间背景装修
- 直播间环境和背景的误区
- 直播间设备和选择

一、直播间背景装修

直播间场景装修的重点是直播间背景。它的装修可以分为以下几种类型。

1. 背书专业型

将主播的头衔、能力、荣誉、专业度做背景展示，粉丝进入直播间就会觉得该直播间专业度很高，产品以及产品质量有保障。背书专业型直播间很容易引起粉丝的共鸣，更容易增加粉丝的信任感。

2. 品牌展示型

它是以品牌的Logo作为直播间的背景，第一时间让粉丝了解到这个产品是什么品牌，直观地让消费者、粉丝了解直播间。

3. 日常生活型

以仓库以及发货的环境做背景，商品琳琅满目，粉丝会觉得这个直播间实力庞大，产品应该就是源头、保质保真，性价比很高。

直播间的背景装修目的是提高视觉效果，使粉丝对直播间产生好感，让关注者转化为消费者，甚至发展成粉丝，这对提高销售额起到决定性的作用。

二、直播间环境和背景的误区

1. 产品单一

产品单一缺乏琳琅满目的感觉，容易让粉丝感到枯燥无味，没有期待感，从而失去继续逗留的兴趣。

2. 产品摆放杂乱无序

产品摆放杂乱无序易影响粉丝的观感，无法清晰准确地告诉主播哪件产品是自己想要深入了解的。这种情形甚至影响销售，拉低直播间的品质。

3. 色彩选择失误

色调不宜过重，如选用黑色的背景时，当产品摆放比较密集，则容易让消费者产生压抑感。

4. 包装、字体花式凌乱出错

若直播间中的包装、字体出现凌乱和错误的情况，则会使直播间显得不专业且廉价，很难留住粉丝。

直播间的场景，要尽量体现出实力、公信力，荣誉、表彰等全部都要展示出来。同时要避免杂乱的色调，要明亮切忌昏暗，杜绝牛皮癣式的公告，要让粉丝感觉到正规、正式。

三、直播间设备和选择

1. 设备

直播间的设备也是直播前比较重要的准备要素。

直播间设备包括：手机、电源、灯光、直播台、直播助理的台子、椅子，以及地毯、背景墙、空调、电脑、直播专用网络等。此外，直播中还需要补光灯、模特架、展示架等。

2. 选择

直播间重点设备的选择：

（1）手机。直播手机一定要选色差小、性能高、摄像头清晰度高、色彩度饱满的机型。

一般来说，直播间要配备两部或者两部以上备用手机。因为手机长时间使用，会发热发烫，从而导致直播数据传输时出现卡顿、镜头模糊等现象，影响粉丝观看感受。

（2）电源。电源要检查好，确保直播过程中不会断电。开播之前，应检查手机充电线是否随时可以接通电源，不会出现因为断电而引起直播中断的状况。

（3）灯光。直播对灯光要求很高，要有舒服、柔和的感觉。一般在直播间里尽可能安排多个方位的灯，顶灯、射灯是直播台的灯光，它聚焦在直播台。补光灯主要用于主播面部画面展示，补光以后灯光会比较柔和、全面，更加聚焦在展示的产品或是主播的面部上，粉丝的观看感会更好。

第七节　直播平台操作（下）

课程要点：

· 后台数据分析及名词解释

· 影响数据转化的主要因素

· 数据复盘分析

一、后台数据分析及名词解释

后台数据分析，在直播业务里是非常重要的一部分。

1. 游客和粉丝

游客就是通过直播推广进入直播间的人，这个人群统称为游客，是刚进来直播间的，对主播没有了解。

粉丝是从游客转化过来的。游客是还没有关注直播间的账号 ID，粉丝就是已经关注了直播间的账号 ID。

2. PV

PV 是直播页面浏览量，直播间当天浏览次数的总和被称为 PV。这个数值包括了同一个 ID 账号反复多次的进入。

3. UV

UV 是独立用户直播间当天观看人数的总和，跟观看次数没有关系，同 ID 进直播间，只会记一个 UV。看 UV 值就知道当天直播有多少个游客或粉丝，有多少人进入过直播间。对于评判游客 UV 以及转粉率，是比较重要的数据。

4. 转粉率

转粉率是当天新增粉丝占直播间进入的非粉丝人数的比例，它的计算公式：新增粉丝数÷UV。

5. 平均停留时长

平均停留时长是直播间观看客户的平均停留时间。平均停留时长是考核直播间非常重要的因素，它的计算公式：直播总时长÷PV×UV。

平均停留时长是直播间的内容质量、主播质量、产品质量是否优秀的重要考核指标。

6. 进人时速

进人时速是平均每小时进入直播间的浏览人数跟次数。它的计算公式：PV÷直播时长，从这个数据可以判断直播间的人流量是提高还是下降。

点赞数、观看人数、关注的人数、转粉率、直播的频率、在线时长还有成交率等也都是考核的因素，可以从侧面反映直播间内容是否精彩、主播是否优秀、产品是否合格、优秀，这些都会影响直播间的打分，从而影响直播间的排名。

二、影响数据转化的主要因素

影响直播转化的主要因素有以下四点。

1. 人流量

人流量是单位时间之内进入直播间的人数。人流量由自然流量、直播推广获取的人流量组成。人流量越大，转粉以及成交的概率越高，机会也越多。

2. 主播的能力

主播的能力是承接能力、产品介绍及推广能力，专业知识、专业度、介绍方式是否优秀等。转化数据跟主播的能力有很大关系。

3. 产品质量

产品是否是原装正版，产品质量、产品款式、产品设计、产品库存等直接关系着直播能否有很大的收益。

4. 营销手段

好的货品也需要好的营销手段，促销方案可以大大提高销售的各种指标，提升转化的数据。

三、数据复盘分析

复盘是在直播结束后去分析数据的行为。重点要复盘三个方面的数据：

1. 粉丝数据

粉丝数据包括直播间粉丝实时的增减情况，包括这一场直播积累了多少粉丝，新增了多少粉丝，或者取消关注失去了多少粉丝。粉丝数据是复盘的重点，可以通过粉丝数据的变化判断这场直播是否成功，下一场直播应该如何调整，这是非常重要的指标。

2. 互动数据

互动数据是在直播的过程当中，主播与粉丝之间的互动次数、互动频率、互动的人数、互动的内容等，可以通过这方面的数据分析去判断这一场直播当中主播是否合格，产品是否选对。这些数据可以反馈直播的问题，从而指导下一场直播如何优化，如何做得更好。

3. 成交数据

这个数据主要看产品引导销售的成交量是多少，和之前的计划有无差异，是否存在选品、引导方式、促销上的问题。

账号以及店铺的开通，是直播业务的前期准备工作。直播间的装修，是直播业务里重要的环节。人跟货是直播的灵魂跟核心，但场景是能够使灵魂跟核心很好地融合在一起的要素。直播间设备非常重要，可以为直播的质量保驾护航。后台数据的分析，是推动直播不断进步的力量。做好这几点，直播之路会更顺畅。

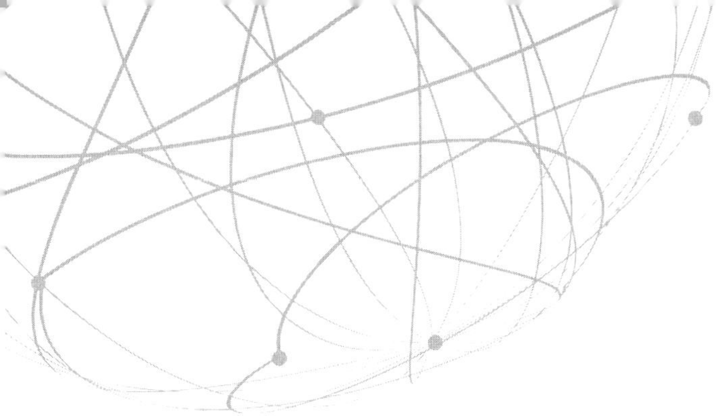

第四章
直播选品

第一节　直播货源模式（上）

课程要点：

· 直播货源模式的基本概念

· 流通模式的变化

一、直播货源模式的基本概念

创业者要具备经营思维、供应链思维、用户思维、粉丝思维和电商思维，这五种思维方法都会在货源模式的建立中体现出来。那么，直播货源模式到底是什么呢？这就需要捋清以下三项内容。

1. 货源

顾名思义，货源就是指货物商品的来源，泛指进货的渠道、源头。

2. 货源模式

货源模式是指商品流通环节，经营者和货物商家的合作模型。例如，赊货售卖，交押金并按照约定的销售量来计提利润，用货贴牌等，都叫货源模式。

3. 直播电商货源模式

与传统的生意和经营不同，直播电商的货源模式更多元化。它是依托在电子商务、互联网技术与普及的基础上，货源方和分销零售商之间的合作模式。只有了解更多的直播电商货源模式，才能知道如何去做优选。

二、流通模式的变化

商业的本质是信息差。当得到质优价廉、可控的货物信息时，如何把信息有效地做资源重组传递出去，精准地匹配对应需求，让货物流通起来，最终让消费者拿到价格合理、质量优异的产品，是作直播带货最本质的底层逻辑。

分析传统货品流通的路径都有哪些，并在分析的过程中去寻找商品流通的共性。中国是一个生产大国、制造大国，有各种各样的厂商，核心目标就是让机器不停工，让工人不停工，才能实现工厂基本的运营。从供应端来说，国内各种不同价位、不同质量的产品，多如牛毛。这些产品被生产出来之后，代理商、批发商、零售商扮演的角色叫作中间流通环节，最终目的是将产品送到消费者手中。

从厂商到消费者，中间不会少于 3 至 4 道环节，每一环节都在不断地增加消费者购买产品实际付出的费用，这是传统货品的流通路径，而电子商务出现之后，这种模型就发生了一些改变。

电商的货品流通环节：厂商、品牌商没有改变，但中间流通环节发生了大换血。从线下的囤货、进货、存货转到线上代理商、线上批发商、电子平台零售商最终进入消费者环节。

这样的中间流通环节让更多的成本得到了控制，仓储不必每一家都存货，物流不必每个环节都运输，中间也不必有那么多的各级代理商再倒买倒卖。商家和消费者通过线上的电商游戏规则，建立了信任的桥梁，同时消费者节约了时间，商家也通过现代的物流体系和电子商务体系可以完成一件代发，从而节省了中间差。

消费者既得到价格实惠的产品，又能通过电子商务平台获得更多产品信息，通过评论可以得到用户反馈，进行不同电商平台之间的价格对比，从而做出购买决策，足不出户就可以获得商品。

直播电商货品流通的环节：当直播电商在疫后时代突然爆发之后，很多人开始改变了购物习惯。以前人们有需求才会浏览淘宝、京东，是带着需求而来。现在有些人想购买东西的时候，会观看抖音、快手、小红书。通过观看视频，非常清晰系统地了解产品，这样可视化、有声音、有图像、有情绪、有气氛的呈现形式，更容易传递直接有效的信息。更重要的是，在视频中还提供了产品相关使用技巧等附加服务。

直播电商的本质依旧是电商，底层逻辑没有变，而触达用户的切面以直播为主，直播是当下更能够高效地促进用户下单购买的一种非常主流的模式。

现在的厂商和品牌商，可以根据带货的 KOC（关键意见消费者）、嘉宾网红，以及他们背后的粉丝画像、过往的带货成绩来进行量身制作，也就是可以通过即将直播的 IP 的过往数据沉淀来进行有计划的生产，这称为以销定产，真正实现了资源的最佳平衡和匹配。在直播电商的流通中，环节更少了，直播电商平台、主播、MCN 机构只做了一个动作，就是告诉粉丝我这里有好货，而且价格便宜，质量还非常好，即在合理利润的情况下，把更多的环节去掉了。

第二节　直播货源模式（下）

课程要点：

- 直播电商行业的从业建议
- 直播电商货源模式的进化过程
- 货品模式
- 销售模式
- 直播货源模式的选择标准

一、直播电商行业的从业建议

通过直播带货的模式让主播直接连接厂家、品牌商和消费者。直播电商平台既为厂商提供电商载体，又为主播提供流量平台，既懂货又懂流量，既懂法又懂消费者心理。

几年前，社会就已经跨入了精准营销时代，而直播电商销售就是精准营销的一部分。它背后依托的是数据呈现，对于工厂，要准备多少货；对于粉丝，推荐的一定是其喜欢的。

这里面最大的受益者是消费者，可以实现边看边买，在娱乐当中完成购物，同时在看直播和购买产品的过程当中又长了知识。

没有消费的拉动，就不可能有持续增长的GDP。所以，所有营销模式的迭代和升级，都是为了让产、供、销变得更有效。无论是哪一个头部主播在看到他们惊人的销售数据时，不难发现他们的粉丝极其忠诚，粉丝画像非常精准，选品角度非常独特，产品价格也非常优惠。可以说，直播电商这样比较新颖的形式，是未来非常重要的发展趋势之一。

当进入直播电商这个行业的时候，既要有宏观意识，又要有微观意识。在宏观意识当中，去判断这是否是一条值得投入时间、精力、情感以及未来状态和资源的赛道。从微观角度来看，要选择自己所擅长的部分。有些人对于选品非常有感觉，有些人对于客服售后非常有感觉，有些人对于流量、数据呈现非常有感觉，而有些人就对于内容非常有感觉，要找到你最擅长的那一部分单点打透。

直播电商行业，专注于某一个专业，某一个细分领域，做深、做透、做出名堂，才会占得更大的市场份额，提高竞争壁垒，形成核心能力。

二、直播电商货源模式的进化过程

直播电商货源模式是由过去的传统货源模式不断进化而来的。与厂商合作更加数字化，效率更高，在不断迭代的网络技术中大大降低了分销环节的准入门槛，让交易变得更轻松、更简单也更精准。

当传统电商时代以直播电商时代的开始而告一段落的时候，会发现电商、工厂没有改变，唯一发生变化的是销售端，即当自媒体不断涌现的时候，人人都可以成为主播，人人都可以成为意见领袖，人人都可以成为超级消费者。

流量在不断地去中心化，今天所有的个体在抖音、快手这样的电商直播平台当中所建立的粉丝群体和大号，都会成为流量分发的一个渠道。

所以，未来一定是科技赋能个体，企业赋能个体的时代，理解了底层变化过程，货源模式将会更加人性化。

三、货品模式

按照货源所有权，可以把货品分为有货模式和无货模式。有货模式非常传统，适合于之前的传统经销、代销、代理、分销的模式。而无货模式更适合于电商以及直播电商。

有货模式对于资金的要求非常大。因为所有的货是需要拿现金购入的，或者需要有押金付给厂家或品牌商、代理商。合作对象多以成熟的MCN机构、头部带货达人、电商直播团队为主，适合体量足够大，有充足的现金和人才的团队。

而无货模式、一件代发等，更适合刚进入直播电商领域，没有资金、团队积淀的主播，可以是个人、小达人、直播电商的小团队。对于小微个体创业，试错成本比较小，灵活度比较大，其欠缺的问题体现在经验、仓储物流、人力、资金等。建议初学者、初创者可以先从无货源模式开始，一件代销、一件代发，把更多的工作留给专业的合作对象来做，对于自身，只需要用销售技能去完成分销就可以了。

从电商端可以看到，无货模式适合于抖音商品的橱窗，适合于淘宝的一件代发。有货模式适合于经营规模更大一点的抖音小店、天猫旗舰店和专营店。

四、销售模式

1. 代销模式

代销模式是由工厂定价，在约定的时间节点，按照约定的佣金比例，根据实际的销售数量来结算相应的销售佣金。常见的就是一件代销、一件代发，它的特点是如果选择了代销模式，没有办法决定产品定价，也没有办法决定产品的利润空间，但是不必负责售后、退换货、物流等问题。

2. 经销模式

供货商和经销者要在约定的时间、销售的数量、总金额范围之内，由经销者先行组织市场，在约定的时间节点完成产品销售，最终赚取总金额。在合作初期，一般会有总款项10%~30%的保证金，用此方式来压低成本，博取更高的利润空间。

这对经销者的销售转化能力、电商运营能力、售后服务能力、产品定价策略、物流发货要求会更高，它不是个体在战斗，应该是团队在战斗。

3. 采购模式

采购模式适合于更大的公司和团队，是根据采购者需求直接定制产品和产品成本以及最终售价。提前交付全部的货款或者部分的货款，在规定的时间之内集中收到定制货品，然后再进行分销。

这样的合作模式利润空间是最大的，但对于经销者来说，资金压力以及整体运营的能力挑战也最大。

总结：代销模式常见于刚起步的直播销售主播和小微直播电商团队。经销模式常见于中部、腰部或尾部的带货达人，稍微成熟的电商团队和宠粉专用也选择这种模型。采购模式，常见于头部的KOL和优质的MCN机构来进行品牌专场、定制款专场。

五、直播货源模式的选择标准

直播货源模式的选择，要从多维度做好自身能力的评估标准。

（1）资金的基础。流动资金状况、储备资金状况决定了能做多大的事。

（2）流量的获取能力。初学者和初创者要把更多的实践精力放在免费流量的获取上，而付费流量的获取一定要建立在专业团队运营的基础上。

（3）售后服务能力。这种能力非常重要，需要有强大的售后服务团队。如果是个人刚刚起步，可以和强大的专业团队对接，去转嫁自己的咨询、答疑、二次转化、客户投诉处理的工作。

（4）电商运营能力。对于初学者来说，这一部分能力非常难，要尽可能地和专业的电商运营团队合作，这包含了选品的能力、运营转化的能力和持续维护的能力。

（5）转化能力。判断商务渠道分销能力、电商渠道转化能力、直播渠道转化能力，要找准最擅长的能力去重点突破。

（6）物流仓储能力。这是考核选品非常重要的标准，能够持续不断地对货品的供给、物流的协调、物流的效率、产品的调度、进销存数据及时反馈，这都是考核、考评仓储物流能力的标准。

直播电商没有一成不变的模式。电商的发展是以天为单位计量的，每天都有创新，每天都有变化。只有站在这条非常快速的车道上不断迭代，不断改变，才能抓住时代赋予的最好机会，实现自身的价值。

第三节　直播选品标准和技巧

课程要点：

· 直播带货选品的思路

· 直播带货选品的标准

· 直播带货选品的技巧

一、直播带货选品的思路

直播选品是非常有技术含量的工作，必须要掌握和了解。直播带货选品的思路大致分为以下四类。

1. 印象款

印象款的选择标准是产品有较高的性价比，较低的客单价，且一定是大家日常使用的产品，覆盖面非常广。印象款产品的作用是促成直播间的第一次成交，让粉丝对主播或者直播间有良好的印象，增加下次进直播间的频率。

印象款的产品就是一款破冰产品，可以少赚钱、不赚钱，甚至可以赔一点钱，但要让粉丝觉得这个直播间里卖的这款货很实惠。

2. 引流款

引流款产品的选品标准是人无我有、人有我优、人优我转。当直播间不断地进来流量，能够确定流量在沉淀，达到了流量峰值的时候，就可以首推引流款产品。目标要配合直播间的活动，让粉丝进行关注、点赞，让他们通过关注点赞的形式来进行引流款产品的售卖。它相当于是福利款，增加观众的观看时长，留住用户，让用户觉得在直播间有好处、有实惠，可以捡漏。

3. 跑量款

跑量款产品的选品标准，是追求高性价比，同时要追求较低的合理的客单价，不能太低，也不能太高。因为跑量款的产品往往是直播间里卖得最多的那一款，用其撑起整场直播的销售额，增加直播间的竞争力。前边有了印象款，留下良好的第一印象后有了引流款，让更多的人停留在直播间，之后还要有个成交款，又称为跑量款。

4. 利润款

利润款产品就是直播间里毛利最高的那一款产品。所以当直播间人气达到一定高度的时候，就要拿出这款利润最高的产品，趁热打铁，转化成交，来提高直播间利润。

二、直播带货选品的标准

当在直播间选货的时候，必须要了解粉丝的痛点是什么。在直播间下单购物的时候，60%以上的消费者担心的是质量问题，还有超过四成的消费者担心退货、换货、售后的问题。

这些问题决定了选品的标准：一定要找到正规渠道的产品，核对各种质检和备案的证书，检查生产厂家有没有被列入违规的记录，有没有进入失信黑名单，要做简单的背景调查。

如果有几十万人的粉丝，为了追求高毛利去销售一些较低价格，但是产品质量非常差的产品，这对粉丝的伤害是不可逆的。

确定了选品的基本原则后，在选品过程当中，重点看三个选品标准：

1. 品相

在直播间，消费者无法直观体验产品的品质，产品品质是由选货人来把关的。所以，决定是否是直播间的爆款产品，首先就是品相。有没有视觉冲击力，能不能激发购买欲望。

2. 品质

品质需要选品师或主播亲自把关，实际使用效果好不好、吃起来口感好不好、用起来有什么样的感受，必须要亲自把关。把关品质、性价比，同样也要考察选品的供应链，以及售后等方面是不是能够达到比较满意的程度。

3. 品牌

只有选择一定知名度的产品，直播间才能被品牌背书。但是这个时候也要平衡一件事情，就是小主播、没有流量的主播，品牌是不愿意合作的。只有做强做大之后，品牌才能锦上添花。所以在早期，不必过度追求品牌，只需要在品质和品相上下功夫就可以了。

在这三个标准中，品相大于品质，品质大于品牌！

另外，选择销量高的产品也是选品时非常重要的标准，销量高就意味着这款产品卖得好，卖得好一定有原因。所以要选择更容易被消费者接受，更成熟的产品，带动消费者购买，增加对主播和直播间的信任感。

每一次选品，都要维护老粉丝的利益和重复购买的成本，因为这是利润能够不断提高的一个非常重要的节点。

刚需产品也是选择的标准。它可以不断地提高复购率，让粉丝无理由下单。

选品的时候选择应季产品也是不错的选择。后台的数据显示，选择应季产品售卖的时候，销售的成功率以及销售额都会比非应时应景的产品更高，销售的效率也会更高。专业的选品团队会提前三个月就开始为应季产品做准备。

三、直播带货选品的技巧

1. 选品一定要和账号定位有关

例如，售卖珠宝翡翠文玩类的账号，粉丝以男性居多，在选品过程当中，一定要选择适合男性的文玩翡翠珠宝类的产品，然后再根据用户消费能力去选择产品。

2. 用户和用户消费能力决定选品的价格区间

专业的运营团队可以利用第三方的数据分析工具抓取平台中对标账号的选品特点，也可以去寻找一些爆款产品、应季产品、当日销量排名前十及前五的产品去分析这类产品的调性、定价和产品卖点等，以增加自己选品的依据。然后结合自己客户群体的消费能力选择合适的价格区间产品。

3. 所有选品一定要亲自使用

所有选品要亲自使用、亲自测试。在直播之前进行各个环节的操练，防止在直播的操作过程中、产品展示过程中“翻车”。当亲自使用过之后，直播间的所有介绍会非常自然。

直播带货三要素，人、货、场，每个环节都要认真思考，经过不断的总结和提炼，销售效果、直播间才会越来越棒。

第五章 搭建直播场景

第一节　直播的硬件准备与要求

课程要点：

· 直播间的面积和基本成本

· 直播硬件保障

· 如何选择适宜的直播设备

一、直播间的面积和基本成本

工欲善其事，必先利其器。直播要准备的硬件是下面要学习的内容。

1. 根据品类规划

带货品类决定了直播间的面积。大件商品，像冰箱橱柜，甚至面积更大一点的产品，非常占空间。如果是知识付费型，或是口红、眼影、腮红之类的美妆产品，直播间面积相对小一点。

规划面积的时候，重点不在面积的大小，而在直播间环境的设计以及直播间网络、灯光、收音等效果方面的设计。

厨具与美食类的直播间设计，单个直播间 4~6 平方米，必不可少的内容包含大板桌、灯光、手机支架、手机、充电宝等，预测成本约为 300 元/平方米。装修直播间与账号的规划有直接关联，如果是高端食材、高端厨具，匹配的直播间装修也要稍微高端一点。如果是非常亲民、特别实惠的产品，直播间的装修也要和账号的消费者目标定位相匹配。

美妆类的直播间，单个直播间 5~10 平方米，一个好的美妆直播间背景搭载的各种美妆用品可以激发粉丝的购物欲。基本的展示架、灯光设备、小展桌都是在日常直播时要接触的物品，不包含背景当中所陈列的各种化妆品，成本大概在 500 元/平方米。

谈话、打赏类的直播间，或者只卖一种单品，面积在 10~15 平方米自由规划。直播桌、直播椅、灯光设备、背景板基本上也都可以自己根据账号风格来设计，成本大概 200 元/平方米。

穿搭类的直播间建议面积不要太小，能大尽量大，因为产品展示是需要空间的。而真正好看的穿搭类的直播间会有一定的纵深，所以要求至少 15~20 平方米。直播的设备包括衣架、鞋架、模特、灯光支架、灯光设备等，根据大家实际直播的习惯来选择和搭配就可以，成本造价大概是 400 元/平方米。

还有很多没有涉及的品类，比如生鲜、童装、玩具等。总之，在垂直领域[1]中本着一个原则，即思考账号粉丝的主画像，他们所喜欢的直播气氛就是所追求的直播间的具体指标。

2. 根据使用人数规划

根据使用人数规划直播间的面积也是一个思路。动态展示货品的直播间，例如服装、鞋帽、大件物品，在一场直播当中同时运营的情况，在直播现场的人要有 4~6 人，要根据 4~6 人的活动范围来设计。

如果做美妆、电子产品、小件的物品，2~4 人基本上就可以。当然也要看一场直播当中的体量、规模，包括直播流程、直播时长和展示的所有商品数量来进行相对应的规划。

二、直播硬件保障

1. 网络保障

在直播进行之前，一定要做好网络方面的准备。关于网速的要求，上传宽带基本配置 1 兆/秒就可以达标，2 兆/秒更佳，这完全可以覆盖几大主流直播平台上行流量的要求。

家用宽带同时开两个直播会有卡顿，所以对于个体，没有家庭网络如果用手机信号也完全可以。但是如果要选择匹配在当地环境下最强的通讯服务公司，可以进行信号实测，选择最佳网络的公司。

备用网络一定要有，可随时准备切换。建议大家尽量使用双模手机，选择使用直播间区域较强的信号。

2. 电源保障

原则上是绝对禁止断播的，断播就意味着故障，会带来各方面的损失。所以要确保直播期间，不管是手机还是相机绝不能断电，绝不能自动关机。

对相机来说，建议采用外接电源的方式，用一个持续稳定恒定供电的方式来解决断电的问题。对手机来说，可以准备一个较大容量的充电宝，备两条以上的充电线，同时再备一个足够长的电源插板和一个充电头，做到有备无患。

三、如何选择适宜的直播设备

适宜的直播设备应根据直播带货的品类和直播的规模而定。一般情况下，画面的像素值达到 1980×1080 以上的摄像头就完全可以满足大部分的直播所用。

1. 相机、手机

如果是在室内较专业的装饰装修空间内进行珠宝、服装这些非常考验现场试戴、试穿，考验颜色、色彩还原的类目，建议大家使用照相机、摄像机或专业的摄像头。颜色、款式越真实，就越容易减少退货率。

建议在服装、美妆、珠宝、文玩、字画这类直播的过程当中，一定不要开美颜，所见即所得，减少粉丝用户在收到货之后的认知差。打开美颜确实让脸瘦了，但是产品也窄了，脸的肤色好看了，但是产品的颜色也变了，这会增加退货量。

2. 麦克风

麦克风有两个选择方案，有线麦克风和无线麦克风。在室内直接使用有线麦克风就可以，优点是音质好，不用考虑充电问题，即插即拔非常适合时长较长的直播活动，也非常适合小主播。

无线麦克风电量没有办法长时间续航，但非常适合于户外直播，不受距离限制，可以在 2~20 米内使用。无线麦克风同样还适合多人直播，每一个主播戴一个无线麦克风，多路信号清清楚楚，互不干扰。

应该注意，无论是有线还是无线麦克风，每次上播之前一定要做声音测试。

3. 监播设备

监播设备也就是第二台手机，当打开直播的时候，应迅速用监播设备来测试信号清晰度、流畅度、稳定性、声音、颜色等。

---

[1] 垂直领域是指专注某一行业的某一纵向细分小类，其粉丝属性限定为某类特定群体。

4. 直播间的光线

灯光设备的好坏，专业与否，直接决定画面质量。灯光打得好，用手机随便一拍也是美如画。建议选择 LED 环形补光灯，非常适合于人像和产品，将被拍摄的主体放在光圈的正中央，这样呈现出来的效果比较好。

目前，300 元以上的 LED 环形补光灯都有很多功能。比如强弱光的调节功能，暗一点亮一点都可以。LED 环形补光灯还有色温的调节功能，既可以偏冷，也可以偏暖，还可以偏中性，一个环形补光灯基本上可以满足所有日常直播。如果是服装或家纺等更大面积的产品展示，还要增加一些其他灯光来做更主要的辅助光源补充。

LED 长形灯饰可以从多角度为产品进行全方位布光。光线越客观、越真实、越自然，现场呈现出来的画面也就越接近于真实。布光位置建议放在产品的靠前偏上的位置，也可以做环形布光，以产品为圆心，还可以三点布光、四点布光、五点布光，这都是可以的。

背景灯光做简单的灯串装点就能够营造出想要的气氛。灯串有冷光和暖光的区分，根据用户的主画像进行成交现场的环境设计，那么灯光就可以有一个很好的补光依据了。

5. 支架选择

手机支架分为落地支架和桌面支架，这两种支架使用场景不一样。落地支架适合拍全身，桌面支架适合拍半身。

相机支架的稳定性是第一位，其次才是灵活性和便携性。

灯光支架，有的灯本身具有一定的重量，所以在选择灯光支架时要根据灯本身的重量来选择，越稳越好。好的便携式灯光支架或相机支架也完全适合移动直播来使用。

6. 必不可少的提示设备

提词器，帮助主播进行场控提词使用，是后台的工作人员和主播进行无声沟通的重要工具。提词器在一场直播当中可以根据实际情况进行数量调整。平板电视、竖屏电脑、专业电视台口播新闻提词器都是可选的。

计算器，这不仅是一个道具，它还能让主播对非标产品快速报价，为观众做差价、打折计算，能够给粉丝非常直观的视觉冲击。因此，计算器在直播带货中也是必备的。

倒计时表，这是专业直播间必须要有的道具。每分每秒都应按照直播脚本进行，方便提示现场所有成员。

一切硬件设备的准备都是为保证直播的顺畅，同样也是搭建直播场景应该考虑的重要因素。当硬件做足准备之后，直播带货之路就会走得更加顺畅。

第二节　直播场景搭建技巧

课程要点：

· 直播间搭建标准
· 选择直播软装
· 场地空间规划
· 环境灯光布置

一、直播间搭建标准

电商重要的三要素是人、货、场，这个场既代表了成交的场所，也代表了售卖的现场。直播场景搭建的就是售卖场景，售卖的场景不但影响粉丝的观感，更影响主播和现场工作人员的情绪以及工作效率。直播间的搭建标准有以下几点：

1. 安静密闭的直播间搭建标准

穿搭类直播间要重视直播的隐私性，一定要预留出主播换衣服、道具的通道。

家居类的直播间，要全方位地展示产品效果，体现出更直观、更突出的视觉冲击力，借此来提高直播销售转化率。所以，家居类直播间的设计更要突出产品展示的空间，无论是卖床上用品还是卖家居日用品，售卖环境一定要和产品搭配，同样也要和账号的主要受众人群搭配。

美妆类目直播间，一定要减少室外光线对主播上妆后的影响。即便直播间有窗户，在直播的时候也建议把窗户封闭，不要让自然光进来，而是呈现一个比较固定的三点布光或四点布光效果。

2. 直播间搭建的主题

用好背板可以让主题非常清晰，任何一场带货都要有非常重要的主信息提示。无论是专场名称，还是在直播间产品的提示，都可以让观众一目了然地了解产品、品牌、卖点等非常重要的二次信息。背板如果用得好，直播的气氛就不会太差。

如果不做复杂背板，纯色背景就是首选，色调是偏冷还是偏暖，要和直播间调性、粉丝调性和所带货的产品品类相对应。

在直播过程中，一定要巧用、活用活动提示牌，活动提示牌有助于增加观众在直播间的驻留时长。

3. 直播带货的货品性质和数量决定了空间的大小

直播间面积大小的选择，由货品的性质、一场直播的总带货量、带货品数、品类的总量来决定。

4. 主播的风格和直播的主题决定直播间软装的基本风格

古色古香的直播间适合销售茶叶、文玩字画、古董等；相对时尚摩登的直播间，适合带乐器、时尚产品等。从大数据来看，美妆、服装、美食是主流的三大带货品类，与其匹配对应的直播间风格可以变相地让粉丝感受到带货达人与整个工作团队的品位。

二、选择直播软装

1. 背景的选择

使用墙纸或窗帘而不选择白色或者带有反光面的墙纸是基本原则。背景的意义在于烘托气氛、衬托主体，绝不能喧宾夺主，背景非常炫酷或者非常杂乱，都会影响到直播的主题。

2. 前景的陈列

前景的陈列非常有讲究，当调整好适合的画面讲解产品时，前景的陈列不但能够让观众看到更多的产品细节，更重要的是销售的产品也可以影响并且留住新进来的粉丝。因为有些粉丝未必对你正在讲解的这款产品感兴趣，但是有可能对你桌面上放的其他产品感兴趣。

当一场直播的第一波流量进来后，一个必要的环节被称为过品❶，也就是预告给所有的现场观众，今天将会卖什么产品，会有怎样的福利，要找各种各样的理由让更多的粉丝留在直播间。

3. 隔音

不管是大直播间还是小直播间，一定要做好隔音。选择一个适当的隔音的场景和场地，保证粉丝有一个良好的视听体验。这也有利于现场的工作团队安心工作，对提高工作质量是有帮助的。

三、场地空间规划

（1）直播间面积不够大，就要善用对角线。例如小空间想拉出一个大景深，可以运用墙角来拉长画面的距离，让人看上去有一种非常舒服的感觉。

---

❶ 过品是直播带货的行话，就是产品一个一个地过，一个讲完，换下一个继续讲。

（2）家居类的直播间，可以巧妙设计前摆台、后摆台，增加层次感、增强空间感。把漂亮的装饰挂在陈列的位置，让直播间看上去高级、漂亮。

（3）美妆类的直播间，墙角放置的背景陈列物品可以引导观众视线，形成非常好的画面层次感，营造专业的高级销售现场，来调动更多粉丝的购买欲望。

（4）货品陈列。货品移动路线，必须要从左到右或从右到左，防止现场销售的货品顺序出现失误，要摆放在靠近主播活动的区域，方便主播使用展示。

（5）后台人员工作区。除主播之外，直播现场还有粉丝看不到的至少 2~3 人的运营团队，要给他们留下充足的工作台和工作空间。样品存放的位置、设备存放的位置、工作人员休息的位置以及工作台，还有一些其他的杂物存放的位置，都是一些必要的空间。

直播货品上品策略，无论是上货还是下货，必须是完整的一条线。形成统一共识和默契，不能相互穿插，避免出现低级的错误。

四、环境灯光布置

现场一定要保证灯光光源的充足，直播间的环境光一定要明亮。明亮的灯光和明亮的现场，工作人员不容易出现误差。

LED 灯带灯管节能、容易安装、寿命长、价格低，最重要的是它的光源品质不错。不要使用高发热量的钨丝灯。

没有特殊情况下可以在摄像头后方摆放环形灯或 LED 灯。如果现场的产品有特定的要求，可针对性地做三点布光或两点布光，呈现出想要的效果。此外，也可以用专门的射灯去打点、打面。

合理的空间、摆设和灯光，都属于直播间软装部分，可以为直播锦上添花。

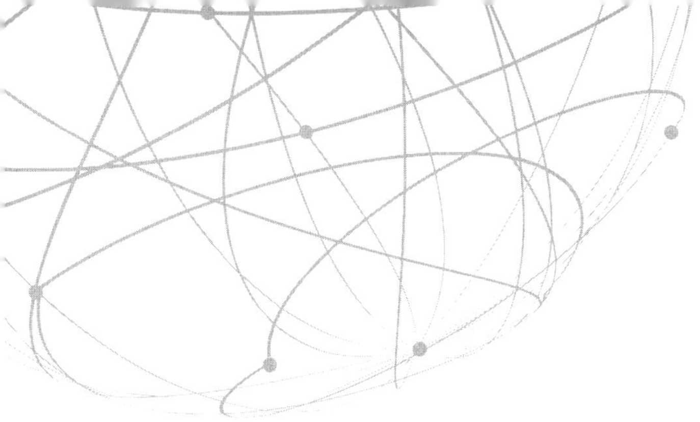

第六章 短视频制作

第一节 打造短视频账号

课程要点：

· 短视频平台账号的变现渠道
· 打造短视频平台账号的重要性
· 短视频平台账号打造的方式与方法

一、短视频平台账号的变现渠道

打造一个短视频账号，目的肯定是想要变现的。各大主流短视频平台做任何内容，最终都是希望有变现的渠道。目前来讲，很多短视频平台的变现渠道其实是趋于一致的，大概分为以下几种。

1. 商业广告

很多短视频平台都有自己的广告平台。这种官方的广告平台给在短视频平台上注册，并且发文的达人提供了一个变现的渠道。

2. 知识付费

在短视频平台上采用知识付费的形式变现。当然，线下也可能去卖一些教材之类的。

3. 出售服务

如旅拍或者旅游目的地当地的地接等，都是以出售服务的形式变现的。

出售服务的形式和第一种商业广告的区别在于：商业广告一般是商家委托在平台上入住的达人去发布广告从而出售服务，这种形式包括售卖商品。而商家自己做的广告，通过自己的官方账号发布的广告，称为出售服务。

4. 短视频带货

短视频带货也是目前平台上特别典型的变现形式，主要靠内容和人气❶进行商品售卖。

5. 直播带货

通过短视频积累人气，之后开启直播。通过直播带货、打赏等方式实现变现。

❶ 人气是用来形容人或事物受欢迎的程度，是受关注的一定量的体现。

想要实现变现，就要对变现渠道有所了解。目前的变现渠道大体分为四种：

（1）个人网红 IP 打造。通过多种形式，如捆绑明星、达人借流量等方式提升自己的人气和影响力，增长粉丝量，最终形成商业广告、短视频和直播带货的成功转化。

（2）引流到社群营销。通过垂直的、细分的领域内容，将粉丝引入既定的社群，进行课程周边的商业转化。比如以宠物领域构建社群，将来可通过线下沙龙、课程售卖、宠物用品售卖等方式变现。

（3）账号孵化和售卖。这是一种非主流的变现模式。通过账号的孵化、培养，达到一定粉丝量和知名度之后把这个账号卖掉，卖账号的所得也是一种变现的渠道。

（4）版权售卖。账号上独立开发短视频的网剧，可以卖给大的传媒公司，作为版权渠道的售卖，这也是一种变现。还可以跟平台合作，如果与短视频平台签约独家合作，也会给予一定的流量扶持或现金补助。

二、打造短视频平台账号的重要性

无论是抖音用户、快手用户，还是其他短视频平台的用户，大致可以分成以下几种：第一种，观众型用户，只看不发。第二种，淡然型用户，把短视频平台当成微信朋友圈一样，每天记录自己日常生活当中发生的点点滴滴，想到哪里发到哪里，想发什么就发什么，不在意到底这条短视频能带来什么样的价值，开心就好。第三种，创作型用户，对每一条短视频的内容有一定要求，发出去后有一定的期许或希望得到反馈。

作为一个创作型用户，打造一个短视频平台账号，最终目的是影响力和变现，这两者是相辅相成的。没有影响力，就很难形成变现途径。影响力的评价指标就是账号的曝光量。账号的曝光量可分成为：账号的粉丝量、总点赞量、爆款内容量三个要素。

粉丝量和点赞量是直观的，而爆款的内容量，可以从后台查看，多长时间能出一条，过了多少万次播放的视频，这是爆款内容的评价标准。账号的曝光量决定着整个账号是否有影响力，也决定着账号未来的变现能力。

想生产爆款内容并且吸粉，提升整个账号的影响力，就一定要精心地进行账号的打造。只做佛系用户，也许偶尔的某条内容可能变成了全网的爆款，但是不可能长久。

三、短视频平台账号打造的方式与方法

到底要怎样打造短视频账号？打造短视频账号，有没有什么具体的方法呢？

打造短视频账号，首先要明确账号的定位；其次，要设计好账号的风格；最后，做好账号的运营。在这几个方面，可以运用以下几种方法：

1. 精准化的定位

越垂直，越细分越好。核心问题就是“你能用一句话来描述你的账号类型吗？”这是精准化打造账号的精髓。如，向别人介绍自己的账号，可以跟对方讲自己是萌宠达人，对方就知道，账号每天只做萌宠类的内容，或者跟别人说自己是美食达人，对方就知道在这个账号上可以看到如何做饭。

精准定位，事实上跟整个短视频的算法推荐有着密不可分的关系。它能够准确地触达你所想传递的观众群体，带来更稳定的粉丝群和流量。

2. 账号的风格要做 IP 化和差异化的打造

原创的内容能够让人产生情感共鸣，这就是一种 IP 化。每一种想要打造自己个人风格的，与众不同的，让人一下子就能回忆起来的 IP 都具有这样的属性。由原创内容支撑，跟别的账号有所区别，能够让人产生情感共鸣并回忆起来，这就是 IP 化和差异化的打造。

3. 账号人格化的运营

当有了 IP 化和差异化风格后，怎样运营账号，怎样和潜在的受众、粉丝、全网的网友进行互动，就要用到人格化的运营，人格化运营分为两种：第一种被称为真人，通过自己的内容把自己打造成网红，把自己转化成一个人格化的 IP。第二种被称为有灵魂的假人，本身不是一个真人账号，但运用拟人的属性，赋予真人的人格和特质。

人格化的方式会带来长尾价值❶，会让粉丝对下一次的新闻或事件抱有期许。

特别重要的是，账号的 IP 化和人格化运营与账号昵称息息相关。在起昵称的时候，要注意以下几点：一是避免歧义；二是易懂好记；三是跟整体账号的定位相关；四是让昵称有容易传播的属性。

第二节　短视频算法推荐的一般规律

课程要点：

· 什么是人工智能、算法逻辑

· 主流平台的算法逻辑及进行内容推荐的方式

· 如何适应和利用好算法逻辑

一、什么是人工智能、算法逻辑

人工智能（AI）是由机器所表现出来的智能，通常是指通过普通计算机程序来呈现人类智能的技术。

在内容审核方面，人工智能的作用已经不可或缺。无论登录哪一个短视频平台或资讯推荐平台，人工智能都会根据用户的个人喜好推荐其感兴趣的内容，包括进行一定的搜索或其他方面对人工智能的一些反馈，它都会记录下来。

一个内容发上来以后，会收到来自用户的各种反馈，这种反馈行为分为以下三种：

（1）正向行为，包括点赞、评论、转发，以及短视频带货的下单等。

（2）一般行为，比如视频播放量、完播率，不分正向还是负向。例如，一条一分钟的视频，观众播放两秒钟就把它划走了，对它不感兴趣，那对这条视频来说就是负向行为。如果观众一直看到完，甚至反过来再看一遍，对这条视频来说，就是一个正向行为。所以一般行为是通过这些数值来判断到底是正还是负。

（3）负向行为，包括负面评论、作者屏蔽、投诉者、不感兴趣等。

面对以上三种行为，人工智能有自己的想法和判断，会根据这个判断进行流量推送以及内容推送。通过推送机制、算法逻辑、推荐方式等算法推荐，使用户的信息选择面收窄，为用户筑起了一道“墙”，形成了“信息茧房”，导致用户视野受限。

1. 环境维度

环境维度就是所处的环境到底是什么样子的，它会尝试着从这个角度去打破用户的兴趣点，从用户给人工智能的所有反馈去分析兴趣点，将全网的一些热点、重点新闻推荐出去。

2. 掺沙子

掺沙子就是不根据新闻热点，不根据相似的人群，而是毫无意义或者没有特别明确的章法给用户推荐一些也许现在并不感兴趣的内容。

二、主流平台的算法逻辑及进行内容推荐的方式

了解了人工智能算法推荐，到底算法推荐的逻辑是什么呢？它遵循的又是一个什么样的规则呢？

首先，来看一下算法推荐的流程。当一个创作者发布了内容的时候，人工智能的机器算法会根据标题、简介标签，包括整个账号的发文历史来决定把内容推荐给谁。先把这个内容放在冷启动的池子里，

---

❶ 长尾价值（或长尾效应）就是强调个性化，“小利润大市场”每单赚很少的钱，但是赚很多人的钱。

看下这个池子里用户对这个内容是什么样的反馈，如果是正向的反馈，可能推的人再多一些；如果是负向的反馈，可能推的人就少一些。

其次要注意人工智能进行推荐的前提。在进入算法推荐的时候，会有一个多重的审核。内容发到平台上是要经过人工智能进行审核的，会把一些敏感词，不适合推荐的血腥的、暴力的或者涉及政治的内容，直接过滤掉。然后才会进入人工审核的过程，人工审核通常是两名审核人员背靠背地进行内容的盲审，只有两个人都觉得这个内容适合放出并且可以放出的时候，这个内容才会在平台上露出。如果两个人有分歧，意见不一致，就会进入第三个程序——人工质检，人工质检员审完之后发现没有什么问题，就会把这个内容放出去。

内容放出以后，在特别短的时间内达到了特别高的浏览量，还会被召回重审。如果召回重审发现存在问题，就会把这个内容直接打回。如果觉得这个内容本身就是一条特别好的内容，过了复审后会给一定量的推送。

在冷启动阶段，推荐内容给有兴趣的人，就涉及短视频账号内容的匹配逻辑。人工智能会根据内容以及账号的标签和设定，寻找有兴趣标签的用户，借助这些用户来检验这条内容的市场用户接受程度。所以，在打造账号的时候，切记账号定位和内容垂直，不要乱发其他内容。

三、如何适应和利用算法逻辑

在账号的定位上，一要满足用户好奇心的需求；二要满足情感类的需求；三要满足自我提升的需求。做到这三项，基本上在适应算法逻辑和利用算法逻辑上就能够水到渠成。

（1）什么样的内容可以满足用户好奇心的需求？颜值、美食美景、民俗风情、特殊职业（包括各种绝活）等，这些内容都能够满足用户好奇心的需求。

（2）情感类的需求比较适用于企业类的账号或者媒体类的账号，可以做正能量的内容，比如家国情怀的内容。

如果是个人的账号，可以在日常生活中挖掘周围的情感故事，诸如婆媳关系、家长里短等擅长的内容，做情感类需求内容也是可以的。

（3）自我提升的需求主要有：如科普知识方面——物理、数学、艺术类等内容。或者在某种乐器方面是达人，可以在短视频中教大家学习这种乐器，或者是有画画、书法等方面的特长，也可以满足受众学习和自我提升的需要。

抓住几个方面的需求，做好账号定位，掌握人工智能算法推荐的逻辑。通过账号的清晰定位，来适应和利用好短视频算法推荐逻辑，这样才能在打造运营账号中有事半功倍的效果！

第三节　短视频内容定位及选题来源（上）

课程要点：

- 内容定位
- 受众定位
- 如何针对选题进行爆款内容打造

一、内容定位

知道要满足受众哪些方面的需求后，接下来就要考虑制作什么样的内容。在具体制作内容的时候，可以通过人、场景、关系这几个要素去进行内容的打造：

1. 人

短视频账号一般来讲是以人为主体的，账号的运营人或者账号内容主角，是构成账号内容主体的最关键要素，人也是整个账号最重要的要素。

在人的要素上，颜值、形象、表达、知识储备量、身份、职业都可以作为打造的核心点，大家要根据自身情况进行选择。

2. 场景

场景是账号内容打造的非常关键的要素。场景的角度可以从以下几个方面来思考。

熟悉的场景。如以学校为主要场景的账号，教室、办公室、食堂、医务室，都可以成为打造账号的熟悉场景。在这样熟悉的环境下，人们更容易引起共鸣。

陌生的场景。充分地利用了大家对农村或偏远的不为大多数人熟悉的场景，从而引起好奇心和观看欲。

新奇的场景。新奇的场景利用了大家听过、有所想象或接触不到的场景，引发好奇，这也是可以选择的方向。

3. 关系

如果账号的主角是一个人的话，可以从人的角度打造颜值、表达，或者是打造身份职业。但很多账号中有大量的配角，甚至有的账号是以两个人，甚至更多人共同作为主角去打造的。这样的账号在输出内容、确定内容定位的时候，要从人和人之间的关系去考量，比如情侣、姐妹、闺蜜、上下级等关系。在既定的关系下，可输出的内容多样、持续，也更容易引发一些痛点和共鸣。

二、受众定位

打造账号，输出内容时，要考虑受众的定位，需要前期准备，可以根据受众性别、年龄、城市来进行定位。

在确定受众定位时，不要怕受众面过于狭窄。无论是抖音还是快手，整体短视频平台上的网友受众群非常大。即便是只定位同一个城市的受众群，也会收获庞大的粉丝群。当受众定位足够精准的时候，粉丝的黏性非常高，高的粉丝黏性势必会带来一个更好的爆款产生率或变现力。

受众定位也可以从职业定位、受教育程度、兴趣和购买力这几个角度去进行定位。当把账号定位、内容定位和受众定位都考虑清楚以后，这个账号就拥有了很好的基础。

三、如何针对选题进行爆款内容打造

确定定位后，具体要做什么内容？选题如何确定？这就需要借鉴、学习和寻找了。

根据定位，寻找与自己定位接近的视频内容、图文内容。结合新闻热点话题，进行分析和解构。

他山之石可以攻玉，一个人的自我创意，应该是建立在学习、借鉴、升级的基础上，而不是闭门造车。

在众多选题、素材中，如何选择？想要做出爆款，就要明白爆款选题和制作的必备要素有哪些。爆款选题的必备要素是什么？可以总结成以下的五个点：看点、热点、爆点、槽点和情绪点。一个爆款的选题，至少要具备这五个点当中的一至两个点。

（1）看点。这是最能吸引观众眼球的点。

（2）热点。能够紧跟社会热点，是成为爆款的天然条件。

（3）爆点。爆点主要是引发观众转发欲望的点。爆点和看点的区别在于，看点是能够吸引自己，爆点是一看到这条内容，有高声叫好的冲动，甚至马上就想把这条内容转发给亲戚朋友。

（4）槽点。这是最具备评论价值的点，甚至有些内容存在争议，这样的点能够吸引别人去评论。

（5）情绪点。这是能引起受众情绪波动，产生认同感，触碰到内心的点。

众所周知，完播率、转发量和评论量事实上都是短视频的推荐策略。所以说，当有了看点、爆点和槽点，提升了整体的完播率、转发量、评论量，这条视频几乎就能够成为爆款。

如果在这个基础上还能引发观众的情绪，比如在国庆节期间出了一条能够引起大家感动和共鸣的，能够引起观众情绪的这样的点，那就更好了。所以，在内容制作和设计上，要把这五个点当中的一至两个点，甚至更多的点，作为内容创作必须考虑的要素。

第四节　短视频内容定位及选题来源（下）

课程要点：

- 短视频选题从哪里来
- 常规性热点如何做内容
- 偶发性热点如何创作
- 怎样用好明星效应

一、短视频选题从哪里来

选题从哪里来？一般来说，有以下几个选题的来源。

1. 日常选题

日常选题来源于对日常生活的记录和展现，即围绕自己账号定位、人设、自身所要做的与设定吻合的日常生活的记录。如健身达人每天练习的动作、技巧；美食博主的一日三餐等。

打造日常选题的时候，要注意从各个不同的角度入手，尽量做出新意和创意来。

2. 常规性热点

常规性热点选题的重要来源，例如一年一度的节假日、节气以及被认可的国外某些节日。它是固定的、不会变化的，也有热度在。

常规性热点也包括一些社会经久不衰的、被反复讨论的社会热点话题。比如加班、房价、单身大龄、相亲吐槽等。

3. 偶发性热点

偶发性热点是指无法提前预测的，在各网络平台、社交平台忽然火爆的话题、新闻、事件。一般来说具备比较强的时效性和热度，是容易出爆款的内容选题之一。

4. 明星效应

明星效应包括提及某些最热门的明星，与明星的交互或者隔空喊话，以及最热门的音乐、歌曲、元素等。这些通过手势舞、卡点视频的转化，也是极好的选题来源。

二、常规性热点如何做内容

常规热点是选题的重要来源，要做一些提前的准备。

对热点日子或者热门的话题进行分析，进一步跟自己的内容定位相结合，通过创意来进行升华。常规热点的内容创作，优势在于有比较充裕的准备期，可以从不同的角度形成独特的观点、内容甚至事件、活动，进行有效的传播。

三、偶发性热点如何创作

偶发热点是不可提前预测的。要关注微博的热搜、头条的热榜、抖音的热搜或者知乎上经常能看到的日常发生新闻热点，应追求热点的时效性。一旦这种偶发的热点出现了，及时创作内容，就能够实现蹭热度创造热梗的可能，让整体的曝光量有一个巨大的提升。

偶发性热点的内容创作，要以比较全面清晰地了解热点本身为基础，再从中提炼出相应新鲜的说法、玩法、观点来，这样才能起到很好的效果。

四、怎样用好明星效应

对于有渠道、有人脉的短视频创作者来说，邀请明星进行交互、出现在明星账号，或者让明星、流量比较大的网红出现在自己的内容当中，是最佳的运用明星效应的方法。

而没有此方面资源，在短视频平台隔空对话明星产生造梗的效果，也是一种对明星效应的利用。

相比于与明星互动或者隔空喊话的方式，利用“流行音乐、歌曲”这种“明星”有更大的可操作性。比如说一些手势舞、卡点视频都能够成为助力内容上热门，是成为爆款的特别好的手段。

第五节　短视频文案写作方法及技巧

课程要点：

- 短视频文案的常见问题
- 短视频文案的常见形式
- 短视频文案撰写的方法和技巧

一、短视频文案的常见问题

文案是短视频制作当中非常重要的要素。

1. 短视频文案是必要的吗？

如果要做真正意义上的短视频博主，要做爆款，要持久性，要一定的粉丝黏性，要把账号打造成一个 IP 化账号的话，文案是必要的。

2. 短视频文案有哪些类型？

文案分成标题文案、包装文案和内容文案几种不同的类型。

（1）标题文案，一般来说是指在发布短视频之前，给视频起的标题，也有一说是短视频的内容，事实上它被称为标题文案。标题文案在抖音平台上是不能超过 55 个字的，这是短视频内容的整体归纳、总结，还要有一些想带的话题，这样会对算法推荐起到很好的指导作用。

（2）包装文案，是指用字幕的形式写在画面上的文案，用特别明显的包装，把它放在正片上面，铺在画面上，这种字幕称作包装文案。

（3）内容文案，也称为唱词文案或者是通俗意义上来讲的字幕文案，指在输出一段内容的时候，怎样去描述，或者用什么样的字幕去把整体的内容表达出来，这种文案或者脚本称为内容文案。

3. 拍短视频，到底是先写文案还是先拍摄？

首先要知道自己拍什么，如果是明确主题的命题作文的话，建议先写文案。非明确主题的前提下，比如即将要拍摄的地方，没经历过的事情，甚至最终内容可能是偶发的，这种情况下可以采取先拍摄，再根据拍摄的素材来撰写文案的方式。

还有一种情况就是复合型，即大概知道要拍摄什么主题，但是在拍摄过程中，有可能会发生一些我们并不知道的意外情况。在这种情况下，先列一个文案大纲，把要拍摄的内容框架写出来，在此基础上拍摄，再结合拍摄回来的素材去对整体的框架和大纲进行细化和丰富，这样细化和丰富成型的文案就会作为最终的整体文案。

4. 短视频文案的长短和字数？

文案的长短也是经常遇到纠结的问题。对于初学者来说，一个文案的长度，可以按照250字/分钟的结构来构架。当要做一条高密度的信息输出文案时，可以不限长度，但首要任务是把事情讲清楚，让人看明白，否则就尽量以简洁为宜。

5. 短视频文案有固定的套路吗？

可能有很多网友，尤其是初学者，第一时间就会想要拿到一个所谓的模板，然后套用这个模板，就能出爆款了。事实上，真正的文案没有固定的套路，如果一直按照一个固定的套路去写文案的话，就会给人造成审美疲劳，会落入俗套，所以写文案的时候，要尽量地避免俗套。初学者可以进行一些借鉴和模仿，当看到一些“大号”发了某种类型的内容，他们的文案采取了什么样的创新写法，可以去借鉴和模仿，这种借鉴和模仿尽量不要去照抄和搬运，否则也会被平台规则所打压。

二、短视频文案的常见形式

1. 陈述式文案

适用于心灵鸡汤式、正能量式或讲故事式的短视频内容。特点是平铺直叙。

2. 疑问式文案

因为短视频比较短，所以在同一个短视频当中，一般只解决一个问题。疑问式文案，有可能是自问自答，有可能是问而不答，也有可能是做成悬疑式的疑问。

3. 反转式文案

反转式文案也分成惊喜反转，或者结尾放一个梗作为搞笑式反转，甚至是反转之后再反转，称之为多重反转，从而达到更好的效果。

4. 移花接木式文案

通过把热播的影视剧或者话题进行相互结合，给出一个意想不到的表述效果，称之为移花接木式的文案。

5. 连续剧式文案

多用于剧情内容的账号，通过连续的、有相互关联的剧情和人物带来吸引力和收看的黏性。

三、短视频文案撰写的方法和技巧

1. 拟定主题

最好是用一句话来描述视频的主题。想好主题后，确定短视频的类型，是陈述式、疑问式还是反转式。接下来就要抓好文案的重点——是什么，要做哪些信息输出，是要玩梗，还是要进行商业介绍，又或是讲一个故事。最后确定这个主题下能够呈现出来的核心内核用什么样重点镜头、金句来表达。

2. 同步找好音乐

在撰写文案之前，首先脑海当中要出现和这个文案比较匹配的背景音乐，比如，抖音包括很多平台的机器人都是有音乐基因的，尤其是背景音乐在整体的短视频当中，是能够对文案起到特别好的辅助作用的。所以提前想好一首恰当的背景音乐，然后结合这首背景音乐的风格，去撰写文案，就能够事半功倍。

3. 确定风格

在文案整体风格方面，要明确是走温情路线，还是主打搞笑路线，甚至是耍帅、卖萌、走颜值等路线。尤其是用在最后结尾的时候，怎么样去凸显这个梗，这些都是在写文案之前就要进行前期准备的。

前期准备都做好之后就要进入文案的实操流程上了。实操流程分以下几点：

（1）文案开头的设置。短视频最重要的是要吸引人看下去，一定要将高潮前置，把整体最吸引人的文案写在最前头，或者是用一句话，或者是文案当中的一些金句提炼到整体文案的最前边，从而去吸引所有受众，把受众的目光完全吸引过来之后，再去铺陈整个文案的其他内容。

（2）填充骨架。再短的短视频都是要有结构的。文案骨架结构要梳理好，然后在这个骨架当中去填充细节，把这些细节丰富进去才是整体文案成功的标志。只有骨架的短视频不是短视频，而是 PPT，所以既有骨架又能填充细节的文案才是短视频的合格文案。

（3）注重结尾。一个文案，好的结尾特别关键。建议在整体文案中有收得住的结尾，与开头尽量呼应。如果结尾好的话，可以在文案开头就提醒大家不要划走，结局会很亮，用这样的语言先做一个铺垫，最后再把这个底揭示出来，这种情况下会让整个文案有完整性。

（4）打造关键节点。一个文案中，无论是提前想到的哪个亮点哪个梗，还是在过程当中有哪些起承转合的节点，都需要在文案上强调关键点。在这个关键点当中，要提前想好用到哪些特效或者音效，这样就会让整体文案有完全不同的效果。

掌握了上述知识后，就可以进入短视频文案的创作了。切记，在文案创作中，要避开主题不明确、过于冗长，以及违规词的雷区。

希望大家能够自己去撰写一些文案，再跟网上的一些好文案进行比较，分析自己哪里有不足，而网上的那些好的文案，又有哪些优势，取长补短，这样才能变成撰写文案的高手。

第六节　短视频拍摄设备及拍摄基础

课程要点：

· 短视频拍摄设备

· 设备的使用方法和技巧

一、短视频拍摄设备

短视频拍摄设备分为：基础设备、辅助设备和特殊设备三部分。

1. 基础设备

现在短视频很多都用手机拍摄，智能手机发展到今天已经有了足够的功能。稍微专业一点的领域，追求画质或追求整体内容品质的时候，就要用到专业的相机或摄像机。

基础设备，主要由手机、照相机或者摄像机构成。

2. 辅助设备

除拍摄的基础设备本身，还有可以提升质感的拍摄设备，称之为辅助设备，包括镜头。根据功能，镜头可以分成长焦镜头、中焦镜头、广角镜头、微距镜头及定焦镜头。

想拍摄更远一些、更细致的东西可以用长焦镜头；中焦镜头适合移动拍摄；广角镜头则适合于拍较大的场面；想拍摄画质好，背景模糊化的可以采取定焦镜头；拍摄近距离，充分展示质感的画面可以使用微距镜头。

除镜头之外，还有很多辅助类设备。比如稳定镜头的三脚架，跟拍保持稳定性的云台。

如果想实现画面的丰富度，对于灯光也是有一定要求的。如果是室外的拍摄环境，可以巧妙地利用早晨、中午和黄昏时候的自然光；而在室内，恰当地打光能让整个拍摄环境都可以处在饱满、明亮、明快、让人赏心悦目的环境之下，这是灯光的重要作用。

如果是拍摄人物，尤其是有采访镜头的时候，给采访对象配上话筒，会让收音效果更好；如果采访对象比较多的话，可以用话筒的挑杆。

有时在短视频拍摄中还会用到摇臂或者滑轨这样的辅助设备。摇臂会让跨度更大的运动镜头得以实现。滑轨可以让镜头在推拉摇移的时候起到更好的效果。

3. 特殊装备

随着科技的发展，也发明了很多特殊设备。比如能够进行航拍的无人机，用于航拍和俯瞰大全景；便携设备挂在身上或者放在稳定器上、支架上，作为手持的辅助摄像用具进行特殊环境下的拍摄；在运动的汽车上、水下或者一些大的摄像设备不方便进入的狭小空间进行拍摄的设备等。

二、设备的使用方法和技巧

作为短视频创作者，对于视频拍摄的具体方法和技巧应该有基础的了解，才能通过日后的摸索和实践，总结出更适合自己的拍摄方法。

1. 构图方法

构图方法分成很多种。对于初学者而言，两种最基本的构图方法比较适用，分别是三分构图法和黄金构图法。

三分构图法顾名思义，就是横竖两刀，把画面进行横纵向三等分，整个画面上会出现类似九宫格的假想区域划分，尽量把画面当中重点想要突出的事物或者内容放到九宫格的焦点处，会更容易吸引观众的目光。

黄金构图法也很简单。无论是在黄金分割线上，还是在黄金分割点上，采用黄金分割的方式去构图，能够让人第一时间注意到重点，留下特别美观的印象。

在构图的过程当中，尽量不要让人物处在画面正中，充满画面，要学会留下空间。

2. 机位的布置

正对拍摄对象的机位称为主机位或者正机位。切换镜头的时候，在正机位或者主机位的旁边可以布置一个侧机位，或者一个全景机位。会让整体的衔接更加顺畅一些，不会出现跳帧的镜头。

3. 景别的划分

在拍摄过程当中，景别可以分成远、全、中、近、特几个不同的景别。

特别宏大的场面通常会使用远景景别和全景景别。可以来表达在某个环境或者场合之下，人与人之间、人与物之间、人与环境之间的关系。全景景别中可以包含多个主体。

中景景别又称为膝上镜头，一般拍摄一个人膝盖以上的部分。

近景景别又称为胸上镜头。当拍摄对象要表达他的观点的时候，通常会用到近景镜头。拍摄近景时要注意，面部表情、手部细节、动作都会在这个景别中起到非常重要的作用。

比近景景别更近的就是特写镜头。特写镜头会给人更强烈的冲击力，当你的采访对象眼含泪光的时候，就可以把镜头推上去，拍摄一个眼睛中噙着泪水的画面，这种镜头会特别震撼。

能够巧妙地结合不同的景别，运用景别进行拍摄，将景别发挥得淋漓尽致，画面一定会足够丰富和美观。

4. 运镜方式

常用镜头运动方式简单说是八个字：推、拉、摇、移、跟、升、降、甩。

（1）推镜头就是镜头向前的运动，向面前的景物或人慢慢地靠近。

（2）拉镜头就是使整体的画面空间变大，但是拍摄到的景别和人会变得越来越小。

（3）摇镜头就是镜头起点在某一个画面上，然后经过摇动，从 A 到 B、从上到下或从左到右，最后落在另一个画面上，中间摇到的地方，都是这一个镜头的画面内容。

（4）移镜头就是拍摄的设备本身进行了移动，上下左右前后的移动都可以。

（5）跟镜头就是拍摄一个运动对象的时候，紧跟着运动对象，他走到哪里，镜头跟到哪里。

（6）升镜头就是当有摇臂或者升降机器的时候，画面可以朝上运动。

（7）降镜头就是与（6）相反动作。

（8）甩镜头就是当拍摄一个对象或者景别的时候，有时需要把这个镜头从这个画面上移开，从这个拍摄对象身上移开甩到别的地方去，用作跟其他镜头的衔接。

5. 拍摄的技巧

固定对象运动拍，当拍摄一个完全固定的对象的时候，尽量采用运动的拍摄方式，无论是摇镜头还是围着这个固定的物体旋转，比如石狮子，旋转拍摄会让这个镜头更加丰富。

出现多个运动对象固定拍，让镜头尽量稳，让这些运动对象在框定好的镜头之内运动。

单个运动对象，采取跟拍的形式。对柱状对象、悬挂对象，可以旋转着拍。

6. 延时和慢镜头

遇到有人或者车，集中大量流动，川流不息的时候，可以采用延时摄影的方式。延时摄影就是俗称的快镜头，它会把很多看上去走得很慢或者集中的、大量的动态物体包括人，用非常快的形式在很短暂的时间里集中批量地表现出来，这也是丰富镜头的一种方式。

慢镜头就是当拍摄特别快的内容，例如雨滴落在地面上或者水中时，人快速跑过的脚步，孩子的笑脸这些特写等，采用慢镜头拍摄，这种冲击力在画面当中会给人留下非常深刻的印象。

7. 灯光和机位

灯光的运用和机位的布置也非常重要。通常来讲，在条件允许的情况下，建议在拍摄时找好光源，尤其是在拍摄人物时，如果能够将面光、主光、侧光都打出来的话，会让人物显得更有层次感。而当人物处在例如墙面前或房间里这样一些固定环境的时候，如果能打一些背景光和轮廓光会更好，最起码也要保证人物面前的主光。

反打镜头是运用机位交代人物关系的方法，能让人们看到对话的双方处在什么样的环境和情绪当中。反打镜头还有一个用处，就是当面对多人演讲的状态时，可以把对观众的表情或动作的一个大范围的或局部特写的反打镜头剪辑穿插在视频中，从而丰富整体的画面。

在视频拍摄过程中，镜头画面应该避免以下雷区：抽烟喝酒的镜头或者视频中出现跟抽烟喝酒相关的内容；打架骂人或者服装过于裸露；刀具、枪械、仿真的器具等违禁物品；露出血迹也是不被允许的。这些内容一旦出现，画面再美也会影响到审核和推荐，严重的甚至会被封号。

有明显的营销广告类信息的视频，或者向其他平台引流的视频也是不行的。还有过于模糊、抖动、让人引起观感上不适的画面，也会在人工智能那里被判定为不好的视频，会被打压或者是不推荐，所以这些雷区都是在进行拍摄的过程当中需要去避免的。

第七节　短视频剪辑方法及技巧

课程要点：

· 剪辑的基础知识

· 剪辑的方法和技巧

一、剪辑的基础知识

1. 时间线

所有的素材都是从前到后分布，形象地把它称为时间线。要在拍回来的素材里进行筛选，把需要的留下来，把不需要和有瑕疵的画面、声音去除，最后再融合。

时间线有点类似于播放器里的进度条，这个进度条不仅可以拖动，还能对素材进行剪辑。

2. 音乐、旁白、唱词、字幕和包装

音乐、旁白就是音频，可以把它放到声音轨道进行处理。

唱词，是怕别人听不懂、听不清晰时，用字幕的形式把它打在画面的下方，更有助于观看视频的人理解意思。

除唱词外，广义的字幕还会有画面上出现的背景介绍，称为花字或者字幕。

包装，是指用剪辑手段，把唱词、字幕以及一些素材用动漫的特效表现出来，从而丰富整个视频内容的可看性。包装字幕，就是在画面上对这个画面起到补充性解释作用的字幕。

在视频剪辑过程当中，要尽量在视频表达的内容过程中保持只有一条主线。这样看的人会清晰明了。旁白、同期声和包装，尽量不要同时出现在同一画面中，避免分散观众的注意力。

背景音乐是情绪的表达，但是背景音乐一定不要干扰到旁白或者同期声。另外，包装条和人名条要出现在合适的时间和位置，不要挡住画面中人物的面部。

二、剪辑的方法和技巧

镜头语言就是用镜头像语言一样表达拍摄者的意思，主题及画面变化，它的组成元素是一个又一个的镜头，通过这些镜头的前后衔接，表达出逻辑关系，让人们明白这些镜头通过组合所要表达的内容或主题思想。镜头语言和衔接逻辑有几个要点：

（1）镜头的衔接要符合观众的思想方式和影视表达规律，镜头的组合要符合生活的逻辑和思维的逻辑。当使用一个运动镜头的时候，最好也接一个运动的镜头，而固定的镜头，接下来也要接一个固定的镜头。如果是运动镜头接固定镜头，那么运动的镜头一定要有起幅和落幅，如果没有起幅和落幅就会让人觉得整体跳脱。如果有起幅和落幅，动起来的镜头结束后有落幅，那就是静止的画面再去接下一个镜头的起幅，也是静止画面，这样静接静，画面的流畅性就没有问题。在镜头的景别衔接过程中，还要注意在大景小景之间进行衔接，增加层次感。

（2）尽量选取色调相近的镜头进行衔接。如果色调过于跳跃的话，也会让人看起来不舒服。如果从一个完全是大红色的场景马上跳到另一个完全是别的颜色的环境当中，就会让人感到很不舒适。此外，特别明快光亮的场景和特别昏暗的场景，也尽量不要接到一起。

（3）反打镜头素材的运用。同一个机位同一个景别，又是同一个主体的画面，如果不是一气呵成拍摄的，把它们接到一起就会产生画面跳跃的感觉。如果采访一个人，他突然说错了某一句话，我们把说错的这句话剪辑掉，将前后两句正确的接到一起，那这个人表情和动作，包括语言也会有画面跳跃的感觉。如果手里有其他机位的素材，或者是反打的镜头，把它进行画面切换剪辑，就会让人觉得很自然。

（4）镜头拍摄最好是重组，也就是说，通过几个镜头充分地去表达同一件事物。就像人从多个角度去看一个事物一样，会更加全面清晰。这也是在剪辑当中运用镜头语言叙事的一个常用办法。

（5）运用转场、滤镜和特效来给视频加分。在剪辑的过程当中，会应用到很多不同的转场方式，有运镜转场、动画转场以及幻灯片转场等。

滤镜会让画面更美观，在剪辑过程中，滤镜是采用遮罩的方式让画面的颜色发生变化。要注意，当要还原的画面内容具有真实性以及冲击力的时候，一般情况下，尽量不要用滤镜。

特效是运用一些小程序来起到惊艳作用的。比如音乐卡点、画中画、蒙版效果，人物变身形成不同的角度，或者产生另外一个或几个自己。特效的运用要精不要多，不要做成特效的堆砌，这是短视频剪辑中的大忌。

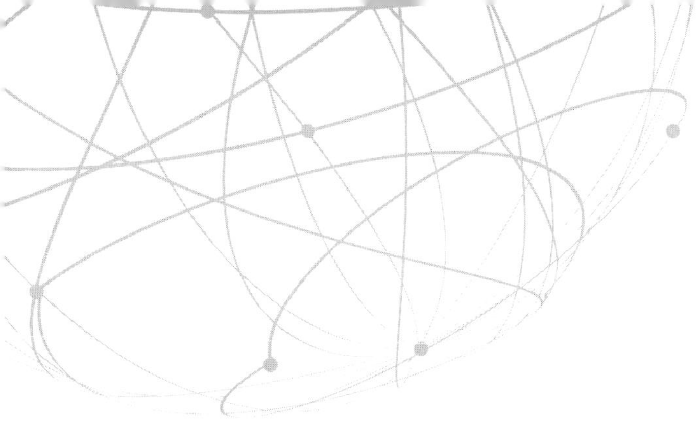

第七章 直播展示

第一节　直播间预热（付费及免费引流方法）

课程要点：

- 如何做好直播间预热
- 直播间预热的免费玩法
- 直播间预热的付费玩法

一、如何做好直播间预热

直播间预热非常重要。无论是短视频带货还是直播带货，最终目的是要吸引精准的流量来完成交易。好的直播间预热，意味着更多的流量进入，更多的潜在用户来形成购买预期。

想做好直播间预热，就要明确直播预热的目的，这是建立在有一个非常清晰的、明确的账号人设，有一定的精准忠诚的种子粉丝、种子用户的前提下的。

直播之前，所有的预热视频可以帮助直播间直接锁定一批精准、忠诚的粉丝来实现直播间开播之后的冷启动。经营打造一个抖音账号的时候，一定要锁定10%，甚至5%的精准、忠诚的老粉丝或者种子用户，他们会成为直播间算法从0到1的最重要的冷启动种子。只要直播间有一定用户基数，就能够完成一系列的粉丝互动、粉丝成交，所以吸引精准用户是直播间预热非常重要的核心目标。

直播间预热可以提醒忠诚粉丝在直播时不要错过自己喜欢的产品，对新粉丝，要通过其感兴趣或者有共同痛点❶的内容，吸引并形成关注。

明确直播间预热的目的只有一个，就是为了一场直播蓄积最早的原始粉丝基数。

二、直播间预热的免费玩法

利用预热视频的曝光量为自己的直播打广告，那么这个广告就是免费的广告。具体的操作方法有以下几点。

1. 提前发布短视频预告直播

梳理产品卖点、直播间脚本以及各种福利，然后转化成短视频。在直播的前3~5天，每天至少发布

❶ 痛点：是一个问题，这个问题大到了痛的地步，也就超出了客户的忍受阈值。这就构成了商业模式中的需求。

一条直播的预告视频，进行粉丝触达和“种草”，使他们产生期待，在直播时准时到达。

2. 发布直播花絮

这也称为切片广告，这个不需要严谨的逻辑、周密的脚本，就把直播现场的内容拍下来，发出去。引导受众进入直播间，成为直播间潜在的成交用户。

3. 养成固定直播时间，进行下场直播内容的预告

后台大数据呈现出来的结论，所有每日成交单较高的大账号，其直播时间都是相对固定的，这是一个习惯的养成。在每次开始直播的时候，主播还要告知粉丝直播时间及福利信息，每次在直播结束的时候，要对下次直播的时间、主题、福利进行预告。

习惯一旦养成规律，是非常可怕的，可以让忠诚粉丝产生无限次的复购。即便忠诚粉丝在直播间没有完成任何的购买和交易，但他在直播间的任何互动，甚至在直播间最简单的半小时、一小时、两小时的停留都会给这场直播的数据能量做出贡献。

4. 公开每日直播时间

在主页简介里面直接打出每日直播的时间，这个信息也可以换在主页图当中，这些都是对直播信息的预告。

5. 用站外引流的方法进行告知和流量的聚集

比如在微信、微博、公众账号、朋友圈、小红书等平台公布直播预告，也可以触达更多私域流量里潜在的忠诚用户，使他们在直播的时候准点到达。

6. 直播封面和标题

每一场直播都有一个直播封面，可以给第一次看到直播间的新粉丝留下的第一印象。好的直播封面可以帮助直播间引入更多的流量，而从来没有设计感的，没有任何抖音算法意识的直播封面，就相当于浪费了这个资源。

对应直播封面，也要有标题。每场直播都可以打上标题，这个标题是否吸引人非常重要，标题也是抖音算法中抓取关键词推送给精准人群的一个重要信息。

7. 打开定位。

打开定位的好处是有基础数据。每场直播，初始流量都会大量推给同城的人来看，当大部分同城进入的流量不感兴趣时，才会推给其他地方的人来看。所以对于餐饮美食的引流直播，对于当地特色娱乐场地、特色景区的直播时，记住打开直播定位，这样可以帮助吸引非常精准的流量，这是同城定位的一个玩法。

8. 分享直播间

通过分享直播间的方法，第一时间触达私域流量。比如可以通过私信抖音好友分享一场直播，可以复制粘贴到朋友圈，可以点对点精准地通过微信发给朋友或者微信群，同样也可以分享到 QQ 空间，还可以生成抖音直播二维码来进行所有的私域流量传播。

三、直播间预热的付费玩法

1. 流量的分类

（1）公域流量，也称为平台流量，它不属于单一个体，而是被集体共有的流量，是商家通过这些平台进行销售所获取的流量。

（2）私域流量，是相对而言的，指的是不用付费，可以任意时间、频次自由反复利用，直接稳定触达用户的渠道的流量。

（3）商域流量，也称为付费流量。以抖音为例，在抖音里可以通过 dou+、feed 流、巨量引擎、鲁班的投流方式来购买非常精准的，但是价格不便宜的商域流量，这是平台从公域流量划出来的以付费为主要分配标准的固定流量。

这些流量如何来实现 ROI 的正转化，是考验团队是否专业、是否有实战实操经验的非常重要的关键点。所以直播间预热的付费玩法，建议新手不要轻易尝试，当直播带货能力提升到一定水平之后，再来

考虑这种预热付费流量的玩法。

2. 直播间预热的付费玩法

（1）通过付费 dou+的方式来实现直播曝光，这要讲究操作上的技巧，如果要为账号里的视频投放 dou+，就要筛选之前流量最好、曝光最大、点赞最多、评论转发最多的那一条短视频，这样才能够让潜在的粉丝看到之后有更高的概率进到直播间。

（2）直播间直接投放 dou+，就是在刷视频的时候就可以看到正在直播的直播间。

（3）投放之后多久开始直播？dou+的酝酿时间是 20~40 分钟，也就是在 dou+投放 20 分钟以后就可以直播了。

（4）还要进行成本核算，核算每进一个直播间粉丝要付出多少成本。如果 dou+投出去，一个人进直播间的成本是 0.5 元，那要不要把这个人留在直播间的时间再久一点，让他在直播间产生下单行为带来利润？如果做了 1000 元的 dou+，最后在直播间的引流之后成交量极少，就会导致广告投放的投入产出比为负。

（5）投放自检也很有必要。要检查 dou+精准人群的标签选择是否正确，标签到底对不对，以确保邀请的这些人是精准用户、潜在用户。同时还要自检带货能力能不能留住引流来的大部分人群。还要结合直播的选品，即产品的性价比、品牌影响力，以及福利款产品，在直播流程设计编排中，有流量进来之后，通过各种各样的留人手段，让这些公域自然的流量在直播间停留得更久一点。

（6）直播间预热的方式从付费流量的角度讲还有更加专业、成本更高、效果更好的方法。如抖音的信息流，针对专业的垂直的带货大号，可以直接通过后台开户的方式购买抖音里质量更高、价格更贵、计费模式更先进的信息流。

使用这种方式制订符合抖音直播间特点、人设和产品定位的一套推广方案，进行原生直播间推广，用户看到信息呈现的时候，并没有广告两个字，这样会更加原生态，会让精准用户没有防备心，更容易进入直播间。除了抖音的信息流，直播间还有一个 feed 流，这个玩法也是值得认真研究的。

新手尽量不要接触这个方法，花钱的流量虽然质量好、够精准，但是对于带货人的考验是非常大的，这些流量即便够精准，进来之后也可能抓不住。

如果真要采取付费流量的玩法，早期可以通过抖音的 dou+这种方式来适当地进行小成本引流，让更多的人成为陪练，成为你的观众。

广告展示等信息流内容，适合于大的厂商和品牌商。直接投流缩短用户的观看路径，最大限度地为直播间引流。

当付费流量带来大量用户，可以考虑用直播间红包方式留住用户。直播红包数额设置可多可少，领取红包的时间，既可以选择马上领取，也可以选择几分钟之后领取。让更多的用户为红包而停留，在停留的过程当中，个性、魅力、产品的卖点以及高性价比的报价就可以激发停留在直播间为等待抢红包而存在的这部分用户，让他们成为潜在的购物者，增加直播权重。再与付费的流量预热相结合，能让一场直播的效果最大化。

直播间的预热引流是为了让直播带货的效果更好，只有通过不断的实践总结再实践再总结才能沉淀出一套适合自己品类、风格、调性的直播带货的方法，对直播间产生实质性的帮助！

第二节　直播间促销玩法设计

课程要点：

· 直播促销的心理战术

· 直播促销的具体玩法

· 直播促销过程中的注意事项

一、直播促销的心理战术

促销的底层心理是人性，没有人不愿意省钱，没人会拒绝买到性价比极高的产品。要站在用户的角度，以用户感受为中心设计直播间的营销方案。直播必须达到以下几个目的：提升营业额；提高主播和粉丝的互动率；加强与粉丝的联系；带来好感；带来更多精准用户、种子用户、核心用户。

可以对粉丝在直播间的心理状态进行拆解：

1. 价值锚

即在定价方面给直播间的商品寻找一个参考物，形成对比。原价越高，卖价越低，粉丝购买这款产品的原始驱动力就越高。这个价格不能胡编乱造，要有依据，比如说原价 39800 元，现价 19.9 元，这就超出了正常人的认知逻辑。

2. 直播间定价数字要大

在公布给大家促销信息的时候选取比较大的数字来做呈现。优惠的价格和优惠的幅度哪个让用户更敏感，就选哪个数字。比如一包 38 元的瓜子，今天在直播间半价销售，或者直接告诉用户一包优惠 19 元，用户会觉得哪个更便宜，其实两边是一样便宜，但是用户会觉得半价就更便宜。再比如一部 2000 元的手机，打九折就不如说直接减 200 元对人的冲击力更大。

3. 学会帮助粉丝计算平均总价

当算下来平均总价的时候就会让人有一种超值的感觉。比如说“一天 1 元，修车我来管”，通过强调日均价让消费者觉得很便宜。“一台按摩椅孝敬爸妈 3650 元，用 20 年一天 0.5 元，爸用一次妈用一次，爸 2 角 5 分，妈 2 角 5 分，好便宜”，对比 3650 元和 2 角 5 分单次就会形成强烈的价格冲击。

二、直播促销的具体玩法

1. 纪念日促销

典型事例是“双 11”，“双 11”本身是“光棍节”，被电商搞成了购物狂欢节，人们利用这种特殊的日子形成一种消费的仪式感，所以每个直播间是否可以制订全年的节日促销计划呢？

比如可以专门针对粉丝制订专属的促销活动，粉丝团特价，过百万人的粉丝福利，纪念日促销，纪念直播间开播一周年、两周年。找任何一个理由都可以让粉丝觉得非常有仪式感，有充分的理由做一次大型的促销活动。

2. 特定周期促销

促销就是促进销售，想办法以任何理由、任何形式开展，只要能促进销售，就都是有效的。特定周期的促销培养粉丝习惯，如每周二上新、每月一天半价等，黏住粉丝，黏住用户，让他们成为非常忠诚的复购者，这些方式和方法都是在直播带货过程当中非常有效的。

3. 限定促销

比如在直播间经常使用的方法：秒杀。当限时抢购时，人们会觉得错过就没了，物以稀为贵，采用到多维度的刺激，创造一种稀有的下单气氛，让用户快速决策快速下单。限时促销、限量促销、单品限量促销、孤品限定，都是限定促销的手段。对产品稀缺性的描述，限时秒杀的描述，能缩短下单决策的周期。

4. 组合式促销

组合式促销，就是把流量款、引流款、捆绑利润款一起销售。只加 1 元多一件，满足消费者的多种需求，通过大数据的沉淀，看看哪些产品捆绑到一起，彼此之间不冲突，而且能够起到 1+1 大于 2 的效果，从而发挥组合的优势。像第二件半价、加 1 元多一件、买 A 送 B，加 1 元送，种种方法都是可以大幅度提高直播间带货营业额的方法。

5. 奖励促销

即主播在推广产品的时候对消费者的行为进行奖励式的刺激，因为粉丝在受到奖励之后，会有满足感、互动感、参与感和愉悦感，会大大增加粉丝的信任度和购买力度。比如评论抽奖，在公屏打出“我想要”三个字产生刷屏，直接抽奖、关注抽奖，在某个时间段，几分几秒关注我的时候，来截取前三位直接发放礼品。

还可以巧用一些优惠促销券，比如现金券、抵扣券、满减券，通过多维度、立体式的促销政策进行优化和调整，增加 50%～100%的总营业额是完全可以做到的。

6. 联合促销

一场好的直播，可以用多种手段，把各种各样的方法集合在一起，并平衡哪种方案能够达到最佳效果，最终通过促销来形成高互动量。这种高互动量包含了点赞、购物车点击加购、粉丝留存、互动评论，以增加粉丝黏性，最终提高营业额，让直播带货的主播有成就感，同时也让直播间数据和直播间权重不断提升。

三、直播促销过程中的注意事项

（1）准备不同的网络环境，保持稳定的、便利的输出。

（2）两部手机，随时查看评论，及时回复，要有抽奖专用的手机。

（3）做充分的战前准备，严格依据直播脚本来执行，通过彩排发现问题并及时解决。

（4）进行过程中一定要准备好直播所需要的道具，包含电脑直播环境、倒计时秒表等，突出紧张抢购氛围。

要做好直播间促销，需要学习一些心理战术，深入了解用户的消费心理。识人心、懂人性，选择合适的促销手段，才能实现更高的直播营业额。

第三节　直播脚本设计

课程要点：

· 直播脚本的作用

· 直播脚本的构成要素

· 直播脚本的写作技巧

一、直播脚本的作用

谋定而后动。在进行一场直播之前，如果没有充分地准备直播脚本，势必会慌乱无比，漏洞百出。

如果产生了这样一场直播，将后患无穷。所以直播脚本的设计，既是对粉丝的负责也是对整个直播团队和供应链的负责。

直播脚本是个详细的表单，表单上有对应的主要负责人、具体事项、完成时间、完成情况。直播脚本是用特定的描述性语言针对直播编写的规划方案，保证直播有序、高效进行，可以帮助主播把控节奏，规范直播流程，协调整个团队来实现协同作战效果，实现预期目标的重要工具。

直播脚本基本内容包括：直播间目标的拆解、预估数量、客单价、直播政策、预计优惠等。货品与厂家对接、商标授权、样品展示、上架顺序、上架时间、优惠打折比例等。此外，每款产品的上架链接、开播的测试预告、短视频引流、直播流程、抽奖环节、加团流程、结束预告、直播的复盘也是需要设计和细化的部分。那么直播脚本到底能发挥什么样的作用？

（1）将直播脚本直接作为参考依据，把控直播的节奏。

（2）把直播的突发和意外事故控制到零。

（3）管理主播的行为和话术。

（4）根据直播脚本，掌握直播的主动权，实现直播效益的最大化。

总而言之，直播脚本越规范，所有人在现场协同起来越有条不紊，这就是对直播脚本所能发挥作用的基本要求。

二、直播脚本的构成要素

1. 直播目标

直播之前就要确定直播目标，这个目标不只是销售额，一场直播总的点赞、平均在线人数、最高在线人数、最低在线人数、直播间的总流量、进来的人有多少转粉、有多少人加粉丝团等数据都应该写进直播目标。

要对一场直播进行直播目标的预计，争取在一场直播之后，所有的数据指标能够超越或达到该场的直播目标。

2. 安排直播人员

一场直播，基本由主播、助播、后台和客服组成。

主播的具体分工是负责引导关注、介绍产品、介绍直播间的活动规则以及气氛的营造。能不能留住直播间里进来的人，主播有70%~80%的责任。

助播发挥主播的眼睛、耳朵、手脚的作用，起到延长的效果，帮助主播回答其忽略的问题、在评论区进行回复，屏蔽“黑粉”的消息及“踢人”，与主播互相应对搭话等，还可以帮助主播营造一个直播间非常紧张、欢快，或者非常适合带货的场景，并助力促进粉丝下单。

后台和客服是幕后英雄，他们负责发放优惠福利、修改产品价格、上架商品、下架商品等。客服是直接在线上，在直播过程当中解决客户当下提出的问题。一个好的客服不但可以快速解决用户提出的问题、用户的疑惑，还能够促进客户在后台犹豫时候的成单率。

这些直播人员有了分工之后，就可以制定一个基本的绩效考核，为他们制定合理的KPI了。

3. 明确直播时间

这个直播时间有两个维度：一是每日直播时间，二是每次直播时长。

4. 直播策划

每场直播的脚本中，有一个角色被称为直播策划。其作用是来确定直播主题，设计直播主题当中的互动环节。直播主题可以有很多，但是最终的目标只有一个，就是给粉丝一个正当的促销理由，让粉丝能够多快好省地下单购物。

5. 表格化内容

每场直播中每个产品的卖点、数量、成分、基本介绍、价格、对比价格、促销价格都在播品的过程当中，按照表单化管理，是必须要加入脚本的一些非常重要的核心内容。

每一款产品都能够在不同的场景、不同的角色中进行场景嵌入式的、带入式的、感受式的营销，让观众能够从更多的维度去设想，体验拥有这款产品能够带给他们自己生活上、品质上的改变，这部分非常重要。

6. 分析目标观众

目标观众的数据分析决定了选品、定价、介绍时长以及促销力度。基于这些所有的后台目标，进行观众的数据分析，去推导这些带有共性标签的人的情绪、痛点关键词，从而提炼带货中每个精准选品卖点和用户痛点能否达到契合。

直播脚本的创作，要以直播电商新的视角去分析、设计，让在直播间里的每个设计都有效，每一句话都能打到最精准人群的痛点，最终目标还是促进更多的销售。

三、直播脚本的写作技巧

一场直播前期要做什么准备，要写到文档和流程里边。同时要自我“透视”：我是谁？我要卖什么？我要达到什么销售目的？做好自我定位，才能着手进行脚本的写作。

1. 直播宣传

可以理解成为活动前的预热，吸引和等待观众，涉及脚本、拍摄发布以及公域流量、私域流量的运营。同时，要针对这场直播，制订有无商业流量的投放预算方案。

2. 明确目标

这场直播要实现增加多少新的粉丝关注？完成多少点赞？进行多少互动？有多少粉丝团人数的增加？预计要完成多少额度的带货数量？

3. 人员分工

明确整个直播的负责人——直播运营，直播运营领导哪些人员？主播和助播的关系是什么？同样，后台、客服以及其他人员，彼此之间的工作分工，在临近直播之前设备的检查步骤都有哪些？谁做直播测试？每一个环节都要有人确认。

4. 产品梳理

在直播之前要对所有产品进行梳理，做到每一个细节都没有疏漏，这样才能完成一场有准备的直播。

5. 产品讲解

产品内容讲解是否到位，直接决定人们对于这款产品的占有欲。所以产品讲解要从里到外，从宏观到微观，从各种场景的切换，打动精准用户。

关于产品讲解，要把所有带货产品的卖点提炼到文案上，同时要做出所有产品介绍的文案，根据文案反复进行直播前的彩排，这样在镜头前，在直播间现场才能做到临危不惧、井井有条。

6. 产品测评

所有的主播在带货之前要进行产品开箱的实际体验。只有提前做好准备，了解每一个产品的功能点、问题点，以及产品的性能和触感、色泽、声音等各个方面、全方位的体验，才能够沉淀直播脚本。要站在顾客的角度，不仅要体验，还要找出问题，并且解决这些问题。

7. 观众互动

直播脚本当中必须要有非常清晰且细致的流程和互动数据，解答用户疑问主要由主播完成，但是助播一定要帮助主播解决问题。当主播正在讲解产品的时候，助播不要打乱主播的讲解节奏，既可以同屏同声，也可以直接在直播间回答粉丝提出的问题。如果碰上“黑粉”，可以直接拉黑或者踢掉，防止这些“黑粉”干扰主播的情绪。

另外，定时抽奖以什么样的抽奖频率、几点抽奖、奖品是什么、奖品有几个、怎么送、如何呈现抽奖成功的用户名，以及寄送地址的核对，所有这些工作都是要落到直播脚本中的。

8. 数据复盘

所有直播必须要有数据的复盘。每一场直播效果都会以数据来呈现，一场直播结束之后，全体成员必须要开复盘会，而复盘会的依据，就是后台所有数据的呈现。

撰写直播脚本的过程需要整个直播运营编导反复思量，反复和厂家、供应链、主播进行协调。准备越充分，直播也就越容易成功。直播脚本需要不断迭代、不断反思才能够让直播团队一次比一次好，一次比一次更先进、科学、轻松，更让人充满期待。

第四节　主播妆容设计（上）

课程要点：

· 什么是妆容和妆容设计
· 妆容设计的功能
· 什么是优秀的妆容设计
· 镜头妆底妆的流程与技巧
· 如何画龙点睛
· 主播化妆的雷区
· 主播化妆要点总结

一、什么是妆容和妆容设计

化妆应与服装、配饰相结合，让三者协调统一，也让自己的形象变得更清晰，就是所谓的妆容。

而怎样让化妆、服装和配饰更加协调，就是所谓的妆容设计。

二、妆容设计的功能

主播妆容设计可以分为基础功能和核心功能两种。

基础功能：遮瑕，扬长避短，从而让主播的个人风格更明晰，与其他的主播产生区隔。

核心功能：一是打造人设的重要辅助部分；二是通过首因效应促成粉丝的形成和沉淀。

三、什么是优秀的妆容设计

主播妆容设计有一个黄金法则：优秀其实就是得体。每个人先天条件都不同，包括脸形、肤色、身材比例等，都是不相同的，根据自然条件进行妆容设计，让自己看起来得体大方，还具备个人特色，就是所说的得体。优秀的妆容设计绝不应该是千篇一律的，而应该是适合自身的。

（1）符合主播自身人设。不一味追求所谓的流行和时尚。

（2）适合自身的气质，协调不显得突兀。在化妆和选择衣服的时候，常会有一个被称为互助的词，即二者的选择是否与自身的气质条件吻合协调。

（3）要避免标新立异。妆容设计是和其他主播的区别，千万不要陷入错误的追求中，即觉得可以依靠妆容标新立异，从而选择小众的妆容。

个性和标新立异，一旦不符合大众的审美，等于放弃了大部分的粉丝和潜在的客户。如果大家是为了审丑而来，那几乎就没有人会关注你的产品，看直播的目的就变成了消遣，这对于带货来说，基本上就等于自寻死路。

（4）妆容的选择与直播主推的产品以及品类息息相关。

（5）妆容的选择与直播间的设计和色调有直接联系。

四、镜头妆底妆的流程与技巧

镜头妆和日常妆有非常大的区别，日常妆就可以出镜是错误的概念。对于主播来说，化妆实际上就是镜头妆，如果用生活妆上镜的话，人在这个镜头前就会有比较大的瑕疵。

镜头妆最大的特点，就是吃妆吃得非常厉害，镜头妆讲究以下两个要点：

（1）镜头妆不是填色游戏，也不是网红色号对号入座，而是要用颜色清晰地重塑五官的硬件。

（2）镜头妆讲究融合，明明什么都画了，但像是长在人的脸上一样，不会给人假的感觉。要特别记住两个原则，首先线条的处理决定妆感的轻重，其次就是彩妆的配色决定妆容的质感。

主播妆容的流程和技巧，是由以下五个步骤组成的：

（1）清洁皮肤。皮肤保持非常好的质感，上妆才会比较舒服。

（2）润肤。只有皮肤水油平衡，再打粉底上妆，妆容才会看起来比较贴合皮肤。

（3）防晒和隔离。这是对日常皮肤的护理。

（4）修颜液。将肤色调整均匀，比较黄的地方可以调得偏白一些，让肤色均匀之后，再上粉底才会均匀。

（5）粉底。打粉底是一门功夫，打完粉底之后，再压散粉。

五、如何画龙点睛

打完底妆后最重要的部分就是眉毛和眼线。因为眉毛和眼线会对整个妆容起到画龙点睛的作用。

对于妆面来说，眉毛和眼线是很重要的部分，凸显的是人的眼睛，在五官当中，眼睛是最为灵动的，也是最容易吸引人的部分，所以好的眼妆会赋予整个妆面灵魂。

（1）长脸适合粗平眉；圆脸适合欧式眉；鹅蛋脸适合标准眉；方脸适合弯月眉；菱形脸适合小挑眉；心形脸适合柳叶眉，要根据自己的脸形来设计适合自己的眉型。

（2）眼线要贴合睫毛根部来画，眼睛是什么形状就关系到眼线要画成什么样的。画下垂眼线看起来就会让人觉得楚楚可怜，眼线画成上挑则会让人觉得干练简单，可以根据自己的眼形来做不同的设计。

六、主播化妆的雷区

主播化妆当中有两种雷区：一种是原则雷区，另一种是技术雷区。

1. 原则雷区

原则雷区有以下四点需要注意：

（1）淡妆雷。化了妆仍然宛若素颜，而镜头是特别吃妆的，化了妆在镜头前好像没化妆一样，毛孔照样粗大，皮肤的质感看上去依旧很糟糕，整个人显得非常憔悴，不够精神。

（2）浓妆雷。这和淡妆雷是两个极端。造成浓妆的主要原因，一是对自己本身不够自信，想把缺点全部通过妆容掩盖，但又欠缺相应的技巧，所以就只能靠浓重的妆容来进行遮掩。另一个原因，就是觉得浓重的妆容会让自己看起来漂亮，却忽略了油腻僵硬的缺点。

主播妆容虽然是为了看起来更美，但是，美不是核心的追求，让大家接受和舒服才是。

（3）直播视距与妆容不搭。近、中、远景妆容分不清，一旦忘掉视距，把三个妆容都混淆成一个，肯定会因此吃亏。

（4）千篇一律。要根据推荐的产品和直播间场景来设计，不能只用一个模板。注意，每个主播的妆容不止一个，要根据景别和场景以及产品类别做好多样化的妆容设计。

2. 技术雷区

技术雷区包括以下几点：

（1）上下眼线一样浓。

（2）下睫毛刷睫毛膏。

（3）底妆过度厚重。

（4）面部和颈部色差过大。

（5）唇妆化开，有廉价感。

（6）超闪亮的眼影。

（7）明显的腮红，会显得颧骨很高，让人看起来也不舒服。

七、主播化妆要点总结

（1）要精致，不要脏浊。

（2）妆容的清澈度、融合度特别重要，要自然而不做作。

（3）多尝试化妆顺序，找出自己的风格和妆感。

（4）根据不同直播场景搭配不同的妆容变化。

第五节　主播妆容设计（下）

课程要点：

· 主播服装搭配选择要考虑哪些因素

· 服装色彩搭配技巧

· 配饰的作用和挑选

· 服饰搭配的雷区

一、主播服装搭配选择要考虑哪些因素

主播化妆和服装搭配以及配饰的选择，是门学问。很多入门的主播，觉得化一个漂亮的妆就足够了，这样的想法，就是新手小白特别容易进入的认知上的误区。服装搭配选择技巧如下：

（1）厚重是主播永远要避开的误区。如果穿得很厚重的话，就会显得非常臃肿。

（2）叠穿，其目的是让服装具备层次感，看起来更清爽，原则就是一定要叠出层次感，否则会给人非常厚重的感觉。

（3）款式选择上有禁忌。

（4）服装的材质要重视，材质是很容易被大家忽视的重要因素。

二、服装色彩搭配技巧

服装色彩的搭配涉及心理学知识。不仅要看服装之间的颜色是否协调，也要注重服装和个人肤色的搭配是否能够融洽，显得更具美感。

1. 永远不出错的颜色搭配与选择

颜色搭配要根据皮肤的颜色来进行。白皙偏暖肤色，要避开冷色调的衣服，最好穿淡黄色、浅橙色、淡粉色、浅绿色等浅色调的衣服。

白皙偏冷肤色，最好穿姜黄、宝蓝、孔雀绿、深色、黑色等色彩饱和度高的衣服，这样会显得气质比较高贵。

皮肤颜色偏黄最好穿银灰、竹青、棕绿、暗红、栗色等一些深色调的衣服，因为这样可以提升皮肤的亮度。

皮肤是小麦色，最好穿深蓝、翠绿、桃粉、炭灰、黑色等系列的颜色。因为这样的色系，会让皮肤看起来没有那么暗。

2. 了解色彩心理学

心理学上有个分支学科称为色彩心理学，在日常生活当中会经常被用到。色彩心理学其实是一门比较大的学科，下面简单地介绍一下。

颜色分为冷色系和暖色系。暖色系，给人整体的感觉是温暖的；冷色系会给人一种距离感。暖色会让人有兴奋的感觉，冷色会让人心情或者心理上比较宁静安逸。暖色让人感觉距离近，冷色让人感觉距离远。

颜色影响人的心理、视觉上的感官，所以选择上镜的衣服颜色时，要非常谨慎。

3. 颜色上的禁忌

经典的服装搭配有个被所有造型师、设计师公认的原则——一个人身上永远不要超过三种颜色，否则服装搭配就会失败。

4. 有些流行色，要靠材质支撑

服装的搭配和选择，要能够穿出高级感。服装高级感三元素：颜色、材质、剪裁。

颜色和材质是否协调，颜色和材质之间的契合是有一定学问的。

三、配饰的作用和挑选

配饰起到的其实是画龙点睛的作用，因为大家常常会由于一个配饰而对一个人产生很强的记忆点。与化妆和服装相比，配饰留给每个人的发挥空间更大，换个网络流行语来说就是，配饰给了每个主播更心机的选择。

1. 服装风格决定配饰的选择

这是选择配饰的基本原则，不管是混搭，还是单一选择一种配饰，都要在这个原则之下进行。如果真的对于配饰不得心应手，或者没有把握的话，那么建议少就是好、少就是适合的原则。

2. 哪些配饰能在镜头中起到亮眼的效果

如果想在镜头中让配饰发挥亮眼效果，在选择配饰时应格外注意要精不要多，拒绝电镀色镀等材质的廉价配饰。

3. 配饰造型要根据自身的人设选择

比如说可爱的卡通造型配饰，适合青春可爱的主播，居家成熟型的主播，要尽量避开可爱的造型。无论男女，配饰的造型都应该以简约为主，不宜选择过多的、复杂的图案和造型。

4. 配饰的体积

配饰的体积要大小适宜，避开选择过大的、看起来特别夸张的配饰，否则就会喧宾夺主，变成和主播争抢眼球的累赘。过小的配饰，则容易被粉丝忽视，从而失去了佩戴的作用。

5. 避免喧宾夺主

选择配饰必须要避开夸张另类、喧宾夺主，绝对不要走极端。下面几点要牢记。

（1）配饰不要过多，以一至三件为主。

（2）选择一件以上的配饰，最好协调成套让其契合。

（3）不一定要选贵的，而只选对的。很多配饰单独看起来非常精致，设计感十足，但是和服装搭配之后，会发现两者是割裂的，对于这种配饰，坚决不要选择。

四、服饰搭配的雷区

（1）以为流行的就是适合的。

（2）出镜前永远不给服装提前做护理。

（3）随心所欲，为了个人美忽视与销售产品和场景的搭配。

（4）不考虑自身的肤色、身材，一切以主观想法为主进行服装饰品的选择和搭配。

化妆、服装和配饰，三方面很完美地统一，就是一个非常亮眼、合格的主播了。所谓熟能生巧，要在日常的不断尝试中找到属于自己的妆容设计风格，在形象塑造上迈出关键的一步。

第六节　主播常用语言艺术（上）

课程要点：

· 语言艺术的作用

· 基础语言艺术的类型和技巧

一、语言艺术的作用

语言艺术可以分为三个层次：第一个层次是说话的方式和风格；第二个层次是说话的技巧；第三个层次，是说话的艺术。

语言艺术在生活当中运用得非常广泛，对于直播电商行业来说，更是每个主播必备的素养。直播电商行业语言艺术的作用：能让人更好地通过说话来塑造个人形象，稳固人设；加强控场能力，让直播变得更流畅；让直播吸引粉丝，并且让直播的氛围更加良好；能更加简明地表达出想要表达的内容。

所以，语言艺术不是套路，而是表达技巧。每个主播都应该学习语言艺术的原因，有两点：

（1）语言艺术是从优秀的主播身上总结提炼出来的、经过检验的内容。

（2）语言艺术能够让新人直播更快地进入状态，找到感觉，从而吸引粉丝，建立信心。

二、基础语言艺术的类型和技巧

语言艺术分为基础语言、促销语言两种。从功能上讲，基础语言的功能是配合直播脚本在每个流程环节协助主播完成控场，调动粉丝的情绪，维系直播间的热度和行为。按照一场直播的大致流程，可以分为以下五种语言艺术。

1. 直播间的开场白

开场白，是吸引粉丝的磁场，一共有六种方式，可以根据自己的特点、性格或直播的内容来进行选择使用。它包括开门见山式的开场白、故事式的开场白、诱惑式的开场白、悬念式的开场白、对话式的开场白、演绎式的开场白。

2. 欢迎语言艺术

欢迎语言艺术基本上是在直播现场中不断要用到的，是主播展现自己的热情与对待粉丝态度的最好方式和办法。

欢迎的语言艺术可以分为传达直播内容，借机打广告；解读粉丝姓名，开个玩笑；找共性增加亲和力；小捧一把蓬荜生辉；情绪的表达，传递谢意等。主播可以根据直播需要灵活地组合使用。

3. 播报语言艺术

播报语言艺术是促成交易的辅助。在下面几个场景需要用到：当有人打算购买的时候；需要重点提醒的时候；介绍接下来的产品或者才艺的时候；发表正向评价的时候；直播开始后冷场产生粉丝流失的时候以及需要快速引流的时候。

播报语言艺术有几个小技巧，福利及折扣优惠的预告需要开门见山，用对比说话。单品卖点的提炼与逆向角度的宣传，没有太大的优惠价格的优势、惊喜和彩蛋，在有特色的好用单品上也可以做播报。

主播在打造个人品牌与信誉时，播报的语言艺术可以是固定的、长期的，变成自身直播的模板来调整直播节奏，可以不断重复来营造自己的人设、品牌、信誉，抒发胸臆，展现态度，用于回答粉丝的问题，与粉丝互动，用来传达自己的态度和想法。

4. 感谢语言艺术

感谢语言艺术，是互动交流当中的促成手段，是一种礼貌，也是通过感谢的方式表达自己的态度，让更多的人肯定自己的人设，是产生和建立信任感的技巧。

感谢语言艺术一共有四个技巧。第一，感谢的对象不只是粉丝和消费者，也可以是商家平台、产品企业以及自己的助手，包括幕后团队等。感谢的对象不同，表达传递的情绪也不同。第二，中肯的称赞也是一种感谢方式，没有人不喜欢被称赞。通常这种感谢方式可以用在成交之后对粉丝的感谢。第三，通过感谢来传递自己人设的信誉度，通过感谢语言艺术夯实信誉度以及突出人设。第四，福利和抽奖这种形式是感谢中带着促销的技巧，简单但实用度非常高。

5. 下播及预告语言艺术

下播及预告就是制造遗憾与期待，引起关注，进而形成粉丝跟随和沉淀。所以在下播时掌握下面几种话术是每个主播在成长过程当中必须要做到的事情。

一是玩转心理学上的俱损效应，用下播语言艺术做一波新的推荐或者秒杀就能够充分利用俱损效应，从而带来特别的效果。

二是制造热门与畅销的氛围。直截了当地拿数据和事实说话，让观众觉得今天错过了，下次再播的时候一定来，是吸引粉丝的一个办法。

三是继续加深粉丝的信赖和突出人设，为了夯实以后直播带货的能力和基础，重申自己的直播间人设以及特色。

四是预告，为下一场直播做吸睛的铺垫。预告类型的下播语言艺术，需要提前对下一场直播的产品和脚本做好提炼。做一个醒目且有吸引力的主题，然后加上一些热门的新奇产品以及下一场直播要带来的福利、抽奖、折扣等，把这些组合在一起来做下一场直播的预热。

第七节　主播常用语言艺术（中）

课程要点：

· 促成语言艺术和作用

· 促成语言艺术的分类和技巧

一、促成语言艺术和作用

促成语言艺术是电商主播最核心的技能，它和基础话术不同，是直接服务于直播带货的语言艺术。

促成语言艺术起到给粉丝“种草”、营造消费欲望、制造热烈的氛围、促成产品销售的作用。

二、促成语言艺术的分类和技巧

促成语言艺术分为以下六种。

1. 留人语言艺术

留人语言艺术的技巧主要有两点：一是福利诱惑，利用各种各样的福利还有抽奖活动留住观众和粉丝；二是及时回答粉丝的提问，告诉粉丝正在和他互动。

2. 互动语言艺术

互动语言艺术共有以下三个技巧：

（1）提问式的互动。抛出问题，让观众来回答，拉升直播间热度。

（2）选择型互动。多用于发布福利和试探观众想法的时候，给出两种福利选择，让观众感觉掌握了主动权。

（3）刷屏式的互动。号召粉丝，比如提出一个问题，“今天你们开不开心？开心的话扣 1，不开心的话扣 2”，调动全体粉丝热度。

3. 产品介绍语言艺术

产品介绍的语言艺术对于带货的主播来说是专业课内容。它有以下几个小技巧：

首先是产品举证。可以出示产品可信度的证明，包括产品标识、品牌以及一些销量、好评、推荐的截图、官方资质专家的背景等。

其次是专业加场景化的介绍。对所售产品了解的程度可以从多方面体现，例如产品的功效、成分、材质、价位、包装设计、使用方法、使用效果、使用人群等一系列的多维度的关于产品介绍的内容。要想办法让产品能够融入大环境当中，给它制造一种场景化的感觉，让观众产生日常需求。

4. 催单语言艺术

在直播中，催单语言艺术的核心是为了营造紧迫感。可以反复强调，加深大家的记忆力，包括再次重申优惠力度，限时购买的时间，限量购买的库存等，也可以在催单语言艺术当中，展示成交比例。比如说，刚才有多少单成交了，新的库存还剩多少等，用这样紧迫感的话术来促成催单。

5. 成交语言艺术

成交语言艺术有以下四个核心要点：

（1）打消顾虑感，提升信任感。

（2）价格的锚点。

（3）限时限量，限时就是在指定时间内，限量就是指定数量的产品。比如，告诉观众库存还剩多少，只有这么多数量，如果要错过的话就没有了。

（4）制造遗憾。比如说这一次买不到了，但是可能未来会在什么时候再进行这样的产品销售，所以在这时候再来也可以买到。这就是一种遗憾的方式，其实是放出一个信息，让粉丝继续在下一次直播的时候关注你的直播间。

6. 结束语言艺术

结束的话术和下播话术类似，是给大家制造一些遗憾，或者在结束的时候再来一波惊喜，让大家对直播更加有期待感，这样更能留住粉丝继续待在直播间，或者下一次继续光临直播间。

第八节　主播常用语言艺术（下）

课程要点：

· 让语言艺术更完美的辅助因素

· 直播语言的禁忌

一、让语言艺术更完美的辅助因素

1. 用声音、音调、语气形成高感染力

语速较快，音量大，音调高，会让人处于一种充满激情的亢奋状态，这样会让来直播间的粉丝永远都处在高亢的状态。

2. 用标志性的语言，为自己打造一个辨识度奇高的标签

比如“O my god!”就会想起某知名主播。所以，这就是标志性话术带来的高辨识度人设。

3. 用一种情绪去调动粉丝的情绪

“买它！买它！”两个字，一个词，情绪饱满度。这需要主播投入情绪去带领粉丝的情绪。

4. 设计一个属于直播观众的称呼

形成称呼统一也很重要。如“美眉们”“宝宝们”，这就是设计一个属于直播观众的称呼，让他们来到直播间有种回家的感觉。

5. 突出自我，然后自用，加深顾客的信任度

其实就是举实例，把粉丝对主播的信任度转化成粉丝对产品的信任度。或者靠品牌产品提升粉丝信任度，进而提升主播的信任度。

6. 重复用一句话强调优势，让你出圈

要在直播的过程当中，一直强调所推荐产品的优势是什么。可以把优势总结成一句非常经典的话，能够让粉丝记忆深刻，或者所有的产品都总结一句自己的优势，不断重复，让粉丝对其加深印象。

7. 用语言艺术成为粉丝心中的专家

在介绍产品时，运用专业的术语，对产品进行专业的、多维度的介绍，就会成为粉丝心中的专业人士。

8. 借势明星、流量

借势明星，可以拿一些当红的艺人或者明星来举例。比如，某某最近在用这款产品，或者说某当红明星最近说了什么话，最近有什么热门的话题，可以跟这款产品挂上钩，这也是可以让粉丝或者顾客加深印象的一种方式。

9. 控制垂直受众，让你变得更值得信赖

在某一个领域深耕，借此圈定垂直受众，从而使你说的任何话都会更加值得信赖。

10. 学会引导关注，传递个人价值

在销售任何产品的时候，也是在传递生活态度、个人价值观。有时真诚地传递一些正能量的、积极的、阳光的价值观以及生活态度，是会影响荧幕前所有的粉丝和受众的。

二、直播语言的禁忌

禁忌的内容就是千万不要说、不能说的内容。先记住禁忌，再去学习语言艺术，这是一个顺序。

1. 荤素不忌，信口开河，剑走偏锋

因为缺乏系统的培训，没有掌握语言艺术的技能，只能采取错误的方式自学，每个人的人设风格不同，没有鉴别和分析提炼的能力就容易造成新主播学成四不像。

在直播中，荤素不忌，信口开河，做一些虚假的承诺，很容易被封杀，而且会让粉丝厌恶。很多直播间，开播时看热闹的粉丝不少，但是一带货，愿意花钱的顾客却不多，就是因为这种所谓的低级语言带来的恶果。

2. 不了解产品，单纯迷信话术与套路

有很多主播什么话都敢说，什么都敢承诺，张嘴就来，根本没有做功课，有产品就敢带、就敢卖，并没有真正了解产品。

3. 脱离直播脚本，信马由缰，打断直播节奏

在直播中被粉丝提问或其他的互动，直接带偏直播的方向，耽误了后面产品的露出和场景的展示，导致直播失败。

4. 全程强行推荐，目的性过于明显

电商主播中，最为激烈无效的一种主播，就是那种类似于街头 2 元店或者地摊式的推销，全程没有铺垫，没有讲解的语言艺术，更不与生活场景结合，只是一味地吆喝，让顾客和粉丝特别反感，不会产生购买欲望。

5. 自认幽默、言语过火、败坏好感

幽默的最高境界是自嘲，幽默的最大作用是化解尴尬，并且蕴含深意，能够引起对方的思考，而不是把段子看成幽默，把抖机灵的谐音话看成幽默，这会让人觉得比较轻浮。主播不是脱口秀演员，大家目的不同，幽默可以用，但是要适量、适度、适可而止。

6. 反呛粉丝，过度强势

主播在全程直播过程中频繁使用反呛粉丝、过度强势的话术。这种口不择言的方式，一定会拉低人设，让你迅速丢失粉丝。

7. 有热情而无感情

人和人之间的交流是有感应的，比如同样是说“亲”这个字，实际上隔着屏幕，你也能感觉出来，谁是在说套话，谁是真的注入了感情。作为主播，有很多是为了带货去被热情，但不够真诚和有感情，所谓好的主播和差的主播，在真诚的感情投入程度上也是不同的。

第九节 主播的即兴口语表达（上）

课程要点：

· 即兴口语表达的重要性
· 即兴口语表达的四个基础
· 即兴口语表达的适用场景
· 即兴口语表达的方式
· 即兴口语表达的基本原则

一、即兴口语表达的重要性

直播当中，即兴口语表达非常重要。

一个人的即兴表达和谈吐，实际上是塑造和决定一个人是否有趣，能不能让别人喜欢记住的重要因素，是主播的必备技能。即兴口语表达在直播当中有几个关键性的功能：

1. 控场

比如粉丝不断刷屏，然后把话题从推荐的产品以及相关的生活场景拽到另外一个话题，这时就需要即兴的口语表达，不露声色地把话题重新带回主题，回到你掌握的节奏当中。

2. 主播人设塑造

不管是幽默的、还是权威的、专业的人设，都需要通过不同的即兴口语表达来进一步加深个人形象。

3. 避免尴尬，赋予直播间良好的氛围

有人刻意捣乱，无中生有说主播卖假货，是直接及时摆脸对呛还是能够云淡风轻地说明事实，这很考验主播即兴口语表达能力。

4. 增强直播过程中的黏性，避免粉丝在直播中流失

这是直播带货当中，福利折扣秒杀之外吸引人的手段。

即兴口语表达好与不好是优秀主播与普通主播之间最大的区别。熟练掌握了主播的话术，不易出错，但缺乏吸引力。而只有拥有了即兴口语表达能力的主播，才能赋予自己人设的灵魂。

二、即兴口语表达的四个基础

与直播脚本撰写、妆容设计、话术等技能相比，即兴口语表达是最难学的。要拥有出色的即兴口语表达，需要有四个基础：

1. 对公众，尤其是粉丝需求的了解

只有了解大多数人的想法、需求，才能在即兴口语表达当中，通过巧妙的语言组织传递信息，让大家感到有趣、有料，引导把控粉丝的想法。

2. 大量的信息阅读与知识掌握

即兴口语表达不能是无根之木，无源之水。知识和信息储备太少的人，做即兴口语表达时就会苍白乏力，很难吸引到人。

3. 熟练掌握口语表达的方法和技巧

即兴口语表达要掌握口语表达的方式和技巧，熟练地掌握口语表达的方法和技巧是即兴口语表达出色的重要基础。

4. 找到思维方式，化为心声

观点、方法、论点，通过说话的方法和技巧表达出来，会让人觉得与众不同，这样的即兴口语表达就会产生好的效果。

三、即兴口语表达的适用场景

在直播当中使用即兴口语表达要有序、有度、有节制。一般来说，即兴口语表达，适用在直播当中的以下几个场景：

1. 控场、热场与留住粉丝

当粉丝开始流失，看直播的人不断减少的时候，一段得体的即兴口语表达可以起到重要的作用，让人留下来。

2. 互动解决矛盾，突出人设回答问题

互动当中会出现一些难以回答的问题，甚至有粉丝挑刺、挑毛病，制造矛盾，这时需要机智地用即兴口语表达去应对。同样在遭遇质疑的时候，即兴口语表达中可以围绕自己的人设来进行表达、面对质疑，这样会让质疑最后成功地变成认可。

3. 通过即兴口语表达，丰富人设，突出个人性格

作为新手主播，每次的即兴口语表达实际上都是丰富人设、突出个人性格的机会。当直播中有新粉

丝进入，观看人数增加的时候，主播需要用即兴口语表达来强调自己是谁，什么性格什么人设，让更多的人记住并且喜欢自己。

4. 传递值得信赖的形象，加深粉丝好感与记忆

促成销售，是即兴口语表达的核心使用场景。在这个时候，即兴口语表达应该是用来塑造自己值得信赖的形象，加深粉丝的好感与记忆度的，在产品的介绍当中或之后，使用即兴口语表达是必要环节。

四、即兴口语表达的方式

1. 故事型即兴口语表达

讲道理不如讲故事。爱听道理的人非常少，爱听故事的人却很多，在故事里加入一些信息会有更好的效果。这里的故事其实是有目的性的，把自己想表达的诉求，融入故事当中，会起到特别好的效果。

故事型的即兴口语表达有个公式，即故事+产品+适用场景+名人专家赋能+产品稀缺不易。

2. 才艺型即兴口语表达

才艺型即兴口语表达适用的直播场景有很多，上面提到的场景都可以使用。通常是指用才艺表演的形式，让即兴口语表达更加生动有趣，同时也要具备吸引力。

3. 幽默回复型即兴口语表达

幽默的即兴口语表达，又称为幽默回复型的即兴口语表达方式，一般适用于和粉丝的互动。在回答粉丝提问，遇到比较难正面回答的问题时，不失为一种化解尴尬的方法。

4. 互动型即兴口语表达

这是通过和小助手或者预埋的粉丝一起完成的即兴口语表达。这种方式的特点是一问一答，通过问题的设置让即兴口语表达不出圈儿，然后创造一个有人配合的插科打诨式地解决疑惑、回答粉丝问题，或者制造共同的疑问，做出解释的过程。

5. 热点型即兴口语表达

这是在直播当中加入一些信息量的常用方式。所谓的热点，可以是社会新闻热门话题，或者当红的影视剧元素等。

五、即兴口语表达的基本原则

即兴口语表达有四项基本原则，是主播必须要遵循的，否则即兴口语表达就会变得失控，甚至产生负面效果。

1. 真实原则

即兴口语表达可以夸张，但一定不要在产品的功能和作用以及适用的生活场景上去夸张，这是不能突破的底线。

2. 准确传递原则

避免产生信息误解，在做即兴口语表达时，尤其是在涉及产品质量、适用场景的遣词用句上要做到严谨。否则，一旦形成信息差和误解，就会产生与原本目的违背或者背道而驰的效果。

3. 信息密集的原则

要传递给粉丝更多有价值的信息。给粉丝的信息越密集，越能得到大家的认可和关注。

4. 迅捷原则

善于抓住机会，主动出击，不要成为被动的人。即兴口语表达的迅捷原则，实际上是考验主播对直播的把控能力。比如粉丝提出问题之前，或者在直播间刷屏的时候，看到什么有意思的点就可以用于帮助直播带货，先人一步地用即兴口语表达方式表达，这会减少在直播中被粉丝提问的概率，或者质疑的状况。

第十节　主播的即兴口语表达（下）

课程要点：

- 如何做好即兴口语表达
- 即兴口语表达的常用技巧
- 即兴口语表达的内容与效果
- 即兴口语表达的准备
- 即兴口语表达的禁忌

一、如何做好即兴口语表达

即兴口语表达是台上一分钟，台下十年功，是需要日积月累以及不断锤炼才能掌握的一项逐渐变得游刃有余的技巧。

1. 语言是思想的传递，是一种独特的思维方式

一般思维训练有三种方法：定向思维训练，这种思维可以培养深入思考的能力；逆向思维训练，具有独特表达见解的特点；联想思维训练，触类旁通，使即兴讲话具有流畅性和变通性。

2. 锻炼逻辑能力，让语言结构分明，简单有趣

逻辑能力可以让即兴表达结构分明，简单有序精准地传递信息。锻炼逻辑能力有两个方法。

第一，多读书，找一些叙事说理的故事和段落让自己在300字内把这件事情复述清楚，并与书中的文字不同。这是一个逼自己去表达，然后形成表达风格的过程，也是以现有故事训练表达逻辑性的过程。

第二，找五个关键词，串成一个故事，以后可以慢慢地增加到六个或十个，这实际上是培养逻辑思维表达连贯的过程。

3. 增强幽默感

幽默的人本身是具备个人魅力的，会让其他人喜欢，也招人喜欢。幽默感可以通过多听脱口秀、相声以及多看网上的段子培养。不仅是听，重要的是想和总结，为什么同一件事换个说法、换个角度就好笑，说法和角度到底是怎么换的，只要长久地坚持下来，就会产生一种风趣的解读问题以及面对问题的思维。

4. 抓重点，培养敏锐力

一个人的抓重点能力是可以通过看新闻社会事件相关的延伸报道评论，进行平行的对比和分析来进行培养的。

二、即兴口语表达的常用技巧

（1）谐音取字法。

（2）歪曲语义法。

（3）夸张搞笑法。

（4）先扬后抑法。

（5）借力打力法。

三、即兴口语表达的内容与效果

1. 好笑的段子和有趣的生活

所谓的好笑段子，实际上不是复述段子，而是找出段子里好玩儿的内容，灵活地借鉴和运用于直播过程当中。有趣的生活，可以是主播自己经历的或者小助手杜撰出来的，这些能增强主播的亲和力，而且会对粉丝形成吸引磁场。

切记一切有趣的内容，都应该是和产品或者产品的适用场景息息相关的。

2. 与产品价格相关的经历

粉丝最关心的事情是产品价格优势，所以聊跟产品价格相关的事情也就是粉丝们想要看到的和喜欢看到的。

3. 个人的故事与经验

主播个人的故事经历或者糗事，可以很好地拉近和粉丝的距离，是让自己变得更加真实生动的即兴表达的素材。而垂直领域，主播的经历、专业度、选品和使用的经验，也是粉丝们迫切想要看到的干货。

4. 产品相关的专业知识

用趣味的语言去表达与产品相关的专业知识。在即兴口语表达当中，专业知识表达要尽量通俗易懂，避免出现太多专业词汇。在传播学里有一句真言叫作“话须通俗方传远”，就是怎么能够把专业、枯燥、晦涩的专业知识，通过比喻、类比、遣词造句，从而变得易懂有趣，这也是即兴口语表达的重要作用。

四、即兴口语表达的准备

即兴口语表达也要先做准备，准备和即兴口语表达本身是不矛盾的。

1. 根据产品做腹稿很重要

筛选一些直播产品做腹稿，这些产品可以讲故事，也可以通过问答或者对话，进行即兴口语表达。

2. 基础文案如何出挑和润色

即兴口语表达有了想法，就要做基础文案。首先要明确这句话或者这段话想要表达什么样的意思和信息，然后尝试从不同的角度表达，看哪个更加生动。

3. 互动问题预设与推敲

互动问题的预设在直播前就要去思考琢磨，如果遇到这些问题，该怎么通过即兴的口语表达来应对，有了这个基础，知道要传递什么意思，才能在遭遇这些问题的时候不慌不忙。

4. 用好小助手

小助手是补充者，当即兴口语表达可能出现信息差的时候，小助手可以及时地对表达进行补充，让信息传递得更加清晰。小助手可以站在消费者、粉丝的角度预先提出具备共性、大家想知道的问题，避免主播过多地遭遇粉丝的质疑和提问，降低信誉度。同时小助手也是用话题引出气氛的活跃者，可以根据事先的准备，在主播有遗漏的时候，及时抛出话题提醒主播。

五、即兴口语表达的禁忌

1. 即便没有充足准备也要每次都做即兴表达

即兴口语表达没有一定之规，直播时间中也没有说占比限制，有需求、有互动就做。整场比较顺畅，那就少做。如果没有想清楚，或者表达不能推动带货的话，不说为好。

2. 语言枯燥无味，虚有其表

如果是转述官方的话语，一板一眼地说一些大家都知道的信息，那么即兴口语表达就会变得虚有其表，为说而说，这种即兴口语表达不如不要。

3. 起不到直接的直播促成效应，沉溺于嘴皮子功夫

任何技巧都是为带货服务的，不能实现带货目的、对促成交易产生辅助功能的动作都是无用功，这

种即兴表达在直播当中一定不要去做。

4. 过度使用即兴表达脱离了直播主题，打乱了整体的节奏

即兴口语表达没完没了，陷入源源不断的即兴表达和互动当中，会让直播的脚本变成虚设。大量应该带货的时间变成了个人脱口秀专场，整个直播节奏一旦被打乱，带货的核心目的就会被带偏，说得再多也无法产生实际效应。

5. 话口抛出去，无力收回

可以在主题上略作延伸，适当地发挥，但要能够及时地把话题重新拉回到主题上来，能够收放自如。

想要在直播当中做出色的即兴口语表达，日常的积累不能少，要坚持日常锻炼。开播之前做准备，多尝试表达技巧，千万要牢记主播口语表达是为了辅助带货这个核心目的。

第十一节　直播产品讲解方法

课程要点：

- 商品的企划和选品定位
- 不同类型产品的讲解技巧
- USP 和 KBF
- 用户需求拆解

一、商品的企划和选品定位

一场直播当中产品的数量是非常多的，需要对产品进行企划定位。

1. 流量款的产品

在淘宝或是其他平台的类目当中，主要是为吸引流量，并且具有比较高的裂变传播的消费产品，称为流量款。

2. 活动利润款

活动利润款产品在直播当中会占到60%以上的产品类型份额。这类产品还可以分成会员营销、促销活动、渠道定制三个细分类型。它既支撑本场直播的主要销量，也支撑本场直播的主要利润。

3. 战略款

战略款往往是主播重点扶持的一些品牌，跟主播是长期合作关系，同时也需要在直播当中讲解比较长的时间，以确保产品的销售表现。

4. 人群战略款

举个例子，主播是卖化妆品的，但一场直播当中只卖化妆品可能会很难满足粉丝需求，那么直播中偶尔穿插其他类型的产品，比如食品、母婴产品，用来提升复购率，丰富用户其他购买体验的产品就称为人群战略款。

二、不同类型产品的讲解技巧

1. 引流款产品

它的主要作用就是博取眼球，所以性价比要达到极致。这类产品因为价格已经很优惠，有性价比优势。所以在讲解的时候，主要讲解产品特性、外观，不用做过多引导。产品的使用演示要做轻度表达，

强调性价比与发货时效和售后就可以了。

2. 活动利润款

这是一场直播主要的产品类型，需要做好销售的引导以及用户的实际转化。在讲解的时候，主要核心就是确保它的超高转化率以及用户的购买、复购。这需要做好场景化需求引导，通过产品的品牌形象，表达品牌的实力以及产品的卖点和差异化的需求拆解。最后讲性价比，本场直播的价格优势和福利。然后再做产品的互动。

3. 战略款产品

这类产品一般情况下讲解的时间比较长，销售占比份额比较高。讲解上先要阐明战略合作的原因，再讲解战略合作能拿到的性价比以及更好的用户体验，之后再讲解产品的核心优势，差异化卖点，最后说明性价比以及直播的价位和福利。

三、USP 和 KBF

USP（独特卖点）是想要告诉顾客的内容，KBF（关键购买因素）是粉丝想听的内容。当 USP 跟 KBF 的这个点无限趋同，才能带来成交和转化。

四、用户需求拆解

用户需求拆解是在表达之前，根据用户需求，让消费者打开一个想要认知产品的欲望。用户需求拆解的核心功能称为激发需求，它有以下几个步骤和技巧。

1. 分析现状

分析产品使用的现状，拆解现状。告诉粉丝使用产品之后，会达到怎样的效果。

2. 传递解决方案

在分析现状的基础上，勾勒和描述出解决方案，形成产品卖点和差异化。

3. 树立目标

契合实际的现状分析之后，给出合理的解决方案，树立受众的目标和购买决策，让其明白购买产品将带来生活上的改变，启发粉丝树立购买产品的目标。

4. 做一个卖点语言的转换

很多主播在卖货的时候都会进入一个误区。上来就直接说产品如何好，保证质量，保证售后。但所有的语言都只是在推销而已，并没有让消费者觉得主播的语言表达中在考虑消费者的感受。

5. 例举背书

利用产品相关资质、品牌、原产地，甚至生产过程的短视频等相关素材，做品质的背书。

6. 福利优惠

包括限量的优惠、限时的优惠、试用的优惠等。在产品打开消费者消费欲望的时候，通过优惠展现直播间的性价比和福利，进一步推动受众购买。

在直播销售产品时要做到语言的拆解、卖点的拆解、语言的转换、案例的说明、价比的说明、跟粉丝互动沟通等。

普通主播的转换率在 3%~5%，高的话可以到 10%，大主播的转换率一般为 15%~30%，可以在直播过程中按这个量级去匹配衡量，是一个新手主播还是一个合格主播，抑或是一个优秀主播，评估是不是已进入主播的专业领域。

第十二节　直播中的主要禁忌（上）

课程要点：

· 直播平台的规则

· 直播的穿着规范和形象规则

· 直播的内容规范

一、直播平台的规则

下面要讲的平台规则，主要针对淘宝、抖音和快手这三个平台。

1. 淘宝

目前，淘宝平台对于主播的违规行为分为三种：a 类违规指的是除推广假冒产品以外的其他违规行为，称为一般违规；b 类违规为严重违规，指的是除推广假冒以外严重影响平台规则跟秩序的行为；c 类违规就是销售假冒伪劣产品，会直接被禁播。

无论哪种违规，都会对主播的成长产生严重的影响。

2. 抖音

抖音主要有两个规则：一个是直播平台商品分享社区规范。主要限定了哪些产品不可以卖，哪些话语不能讲，哪些内容讲了之后可能会被禁播、限播，这个是社区的分享规范，同样适用于短视频模块，这两个模块在限定条件上是一致的。

另一个是抖音商品分享功能用户信用管理办法。主要针对直播主播进行信用分的管理，按照每次违规的内容、违规的次数进行逐次扣分。但在违规之后，过了违规的处罚期，如果在一周内没有违规行为，信用分会重新增长。

目前，信用分的管理主要对开直播的次数、销售的产品有影响，当信用分违规次数比较多的时候，会出现禁播几天、禁播几小时的情况，也会出现小黄车被下架的情况。

3. 快手

快手平台有一个快手直播助手社区，以及一个快手创作者服务平台的产品介绍手册，手册和社区里面都分别讲解了违规类型，也是分为 a、b、c 三种违规情况，c 类最轻，b 类严重，a 类最严重。

c 类一般都是个人出现的一些违规行为，比如私接广告；b 类指的是传播低俗内容；a 类一般指的是色情传播。

快手平台的管控里更多还是针对主播的直播行为，直播带货包括带货的限定以及主播的直播信用分的管理，其实要比抖音稍微宽松一些。

二、直播的穿着规范和形象规则

1. 穿着规范

目前，直播多指网络直播，在移动互联网时代，主播在公众化的平台上进行直播是不能有低俗暴露的穿着的。

穿着规范会影响到几大类产品的销售，比如说文胸、内衣，这类产品在进行直播销售时不能上身，也不能去请模特示范，只能在直播间展示。还有一些比较裸露的服装在讲解时也应比较注意。

奇装异服也是需要规避的。奇装异服指为了博人眼球，而穿着有军装、国旗、人民币等相关元素、图案的衣服，是不允许的。

主播在开播之前，需要上传封面和简介，封面和简介中都不得出现违背穿着规范的地方。

2. 形象禁忌

形象禁忌是指在穿着的基础上，延伸到直播封面、直播当中的行为动作的禁忌。比如带有暗示性的动作、钢管舞、浴室浴衣图等。

三、直播的内容规范

1. 标题规范

（1）标题讲解违禁词。网络直播同样受广告法的管理，所以标题讲解不得出现：最高、最、国家级、顶级、第一、绝无仅有等关键词。

（2）不得夸大商品效果。比如包治百病，几天快速瘦身之类的。与产品说明和功效不符的产品效果，不能进行盲目的夸张和放大。

（3）不得出现无法证实的宣传用语。例如清仓大甩卖、滞销、亏本，类似这种无法被证实的宣传，都不得在标题里出现。

2. 语言规范

（1）不得对产品进行没有依据、没有备案、没有正式资料的夸大宣传，更多要讲一些产品的实际卖点。

（2）在直播间讲解产品，不得跟第三方产品对比，并且贬低竞品。如需要可以用某品牌、某直播间、某产品代替。

（3）直播的产品，除法律规定不退不换的产品范畴外，不能标有不退不换的规定。

（4）线上产品的基础信息与产品的效果，要求一致。

第十三节　直播中的主要禁忌（下）

课程重点：

· 直播的禁忌

· 直播禁忌的处理

一、直播的禁忌

语言禁忌，是只要讲到、提到就会被平台进行违规处罚的行为。

（1）禁止传播任何法律所不允许的内容。比如贷款、募集资金、公益项目，甚至捐助等都是不可以的。因为这样的特别行为是需要有特别备案、特别部门的批准才能够进行直播的。

（2）不得展示讲解法律和法规所不允许的产品。比如动物及其制品、枪支、易燃易爆物品、烟、药品等。

（3）不做法律法规的违规宣传。比如医学治病的药物、美容整形类的仪器等都不可以。

（4）涉及以任何方式引导用户进行线下交易行为。

（5）禁止引导用户至其他平台，进行发展加盟、发展下线、收取会费。

（6）不得讲解理财投资产品。可以讲理财的办法，可以讲投资的技巧，但不得销售投资项目，不得销售理财产品，或进行任何股票产品的引导。

（7）不得诱导投资。包括但不限于 P2P（个人对个人）、区块链、各种网络赚钱兼职刷单、网络打卡行为。

（8）不可进行非法交易行为。特别注意，在抖音平台有两类产品不允许售卖：第一就是自产产品，无商标、无检测的产品，不得销售；第二就是保健类，不能销售。

二、直播禁忌的处理

直播禁忌的处理有 3 个步骤：

首先，了解基础规则，避免这些基础的和比较严重的违规行为，要确保不被禁播，不被禁号。如果不是很了解这个类目的直播行为，可以参考同类型账号的直播内容。

其次，看同行业的直播细节规范，了解隐形的违规行为。

最后，查验平台实时通知。

（1）查验主播中心通知，查验商家中心通知里面的平台邮件。

（2）查验个人中心的违规信息提醒。

（3）查验其他违规账号的信息。比如平台会定期释放出来，哪些账号又被禁播、封禁了。如果跟其是同类型的账号，就可以去查验类似这样的禁播信息，来了解平台近期规则的变化跟风向。

第十四节　直播危机处理（上）

课程要点：

· 直播危机的类型

· 危机的预防

一、直播危机的类型

1. 硬件危机

硬件危机是指在直播当中，因硬件设备的故障而导致的危机。常见的包括断电、断网、黑屏、卡顿、推流不畅等。这种危机，需要在直播前，对设备硬件做好预案和检测，来进行有效规避。

2. 过程危机

如产品链接失效、错误的产品价位、商家的优惠变化、商家的客服没有人回应、粉丝看不到回复信息、主播看不到粉丝的提问信息、“黑粉”带节奏等。过程危机主要有以下三种类型：

（1）产品问题。产品链接失效、产品的优惠互动错误，要第一时间联系商家，提前修改制作链接。在主播讲解过程中，比如在讲链接 1，那么链接 3、链接 4、链接 5 要进行直播挂链测试，尽可能提前发现问题和解决问题。

如果问题不能及时得到解决，可以用给消费者返现，或联系商家客服给消费者改价的方式进行解决。也可以提前销售下一款产品，把有问题的产品放到后面讲解。

(2) 粉丝问题。互动看不到、粉丝无法加群、粉丝无法加团、粉丝无法加购物车、粉丝无法下订单，这些被称为粉丝问题。出现这种情况，大部分是因为出现了违禁词，在互动语言中有恶意评价，语言过度表述，或者发送了一些政治信息、敏感信息等，这些在直播间里发送之后，主播都是看不到的。

要告诉粉丝，看看发送的信息有没有违规，要求对方重新进直播间再次发送。并提示粉丝，信息里面不要带价格、不要带其他平台、不要带恶意评价、不要带敏感信息。

粉丝无法加粉丝团，可能不太知道加群的位置，证明粉丝引导不够，需要让运营引导一下。

(3) 粉丝带节奏。“黑粉”也好，差评也好，遇到这样的信息，就会被别人带偏节奏，主播一定要沉着应对，可以自动屏蔽也可以不回复。

但一般情况下，如果是差评，比如产品质量不好、收货不规范、发货不及时等，这类信息一定要做到及时回应。

3. 售后危机

售后危机，主要分为以下四种类型：

(1) 粉丝收到产品不满意想退货。需要安抚粉丝的情绪，告诉粉丝，是不是可以给点补偿？这个产品哪里不满意？问询一下，有些时候他只是需要在这里寻求对他的关注。

(2) 粉丝买回去的产品漏发。这需要商家处理，应协助商家，协调粉丝尽可能给一个比较好的处理方案，但一定要快。大部分粉丝投诉主播不是因为产品质量不好，而是因为商家给的解决方案不满意，商家处理的问题不够及时，所以就把这个情绪转嫁给了主播，所以主播需要做到快速应对，尽可能去协调。

(3) 粉丝订购，发货过慢。发货危机一般情况下需要两个方法来解决。第一，在直播期间要告诉粉丝发货的预期，尽可能不要给粉丝高预期。第二，如果一直不发货，一定要尽可能协调商家尽快发货。如果还解决不了，粉丝可以退货。宁可牺牲佣金，也要尽量让粉丝有个比较好的购买体验和感受。

(4) 粉丝决定退货。按照平台规则和消费者保护权益，帮助客户尽可能快地退货。

4. 公关危机

形成公关危机的主要原因：主播名气流量比较高，影响面比较广，购买量比较大，或可能被同行举报，或因质量问题造成了商家投诉，出现使用障碍，以及使用之后带来不良影响等。

公关危机分为四类：第一类，粉丝投诉；第二类，大型产品的问题；第三类，同行举报，包含恶意举报和良性举报；第四类，合作商家投诉。

二、危机的预防

硬件危机，过程危机都可以提前通过预警和准备来减少，因为危机越少，就越好处理。

1. 商品的初筛及商品样品的体验

在初筛样品之前，第一比价，第二比质，第三比包装，比产品的实际体验跟感受。

确定合作之前，要做好产品资质、产品实际口碑的调查，尽可能减少质量危机，以防投诉和公关危机。

检查的内容包含：让商家提供相关资质；核查店铺的评价；核查用户体验。

2. 策划部门确保策划内容符合平台规范

策划的抽奖玩法，直播间刷屏评价，直播间讲解信息，引导话术都需要符合平台规范。

3. 直播前产品信息的复核

一般情况下，一场大型直播的产品信息复查工作要做到三到五遍，直播之前的 30 分钟要试挂链、试下单、试加购，确保贴片信息、卖点信息准确、价格准确。

这些工作都由直播运营负责，也就是场控。直播助理、助播也需要在旁边提前核查架构。

4. 提前预演

提前预演直播信息、直播流程、直播样品、直播设备。需要按照流程，把工作预演一遍，通过危机的预防和预演，可以减少80%~90%的危机。

5. 小号试播

潜在危机的排除一定要做好小号试播，先试着挂链，试着讲下产品，看讲解语言可不可能会违规。

6. 规范和完善内部的配合制度

根据事先制订的流程让整场直播尽可能做到无缝衔接，明确岗位职责，减少信息误差，及时沟通、协调带来的危机。

7. 做好直播预案

直播可能会出现危机，如果要做到快速高效地处理危机，就要做好直播预案跟直播的备用物资。

8. 建立危机的处理预警和机制

9. 做好媒体信息的监测，及时发现问题

比如被某消协给点名了，内部部门里面没有监测到报道，监测到媒体曝光，那就会出现大的公关危机，遇到类似问题就一定要做好准备。

第十五节　直播危机处理（下）

课程要点：

· 直播岗位和核查内容

· 事故危机处理原则

· 粉丝售后危机处理原则

一、直播岗位和核查内容

1. 直播商选团队

需要核查商品资质、产品质量、产品包装、设计、美感与价格匹配，核查零件、配件是否齐全，核查样品质量和数量。

2. 直播策划团队

核查流程是否规范，演示是否规范，文案语言是否健康合规，现场的服务是否达标，不同产品的信息贴图跟排序确保一致。

3. 场控

场控负责核查灯光、场景、电源、网速、导播的系统是否规范，电池是否充足，链接是否准确，供货商的通道联系是否能够及时，商家客服是否到位，直播过程是否能够保证不出现二次危机。

4. 主播与助播

主播需要与场务、运营做好信息沟通，核对信息准确度。助播需要在直播间及时提醒主播的语言和话术，提示策划流程和信息，提醒价格是否准确，样品是否在现场，赠品是否齐全，直播间不要堆放很多杂物，避免二次事故。

5. 运营商选、策划、助播、场务

所有这些工作人员需要在直播中随时待命，在直播间配合主播，校对核查，确保达标。

通过预防、细节划分、工作环节，就能减少很多大型直播环节当中容易发现的危机。同时，腰部主播通过良好的工作规范和管理，也能够晋升为大主播。小主播也要建立比较好的工作习惯和处理方式，以尽可能减少和控制危机。

二、事故危机处理原则

（1）在尽可能不影响直播进行的情况下，快速反应，处理问题。

（2）不被“黑粉”和差评带偏节奏。主播要尽可能从容应对，幽默机智地做出回应。

（3）各岗位各司其职，处理各自的问题。做到有效、快速地解决事故。

（4）事后追责。不要在直播间给商家打电话，批评员工、批评助播，一定要做到事后追责，明确岗位责任和处罚。

（5）遇到断播和直播警告的情况，按照平台规则有效地恢复直播。

三、粉丝售后危机处理原则

（1）尽量不影响粉丝的购物体验，快速回应，协助商家做出处理。

（2）商品问题主动承担责任，替商家承担售后，再去追责。

（3）问题商家一定要取消合作。

（4）对有不良购物习惯的粉丝要做好有效的引导；异常投诉，报备平台处理。

（5）遇到“黑粉”恶意攻击，做好沟通的记录截屏，报备平台处理。

（6）重大危机以满意度为原则，快速处理问题。不推卸责任，分清责任，给出建议性的解决方案。不卑不亢，针对“黑粉”或异常情况，报备平台处理。重大事故提前报备媒体或官方平台。

（7）应对投诉及举报，要提供合理的信息举证，协同平台快速处理，不回避问题。

（8）公关危机、公关问题处理。所有的处理信息，都需及时在媒体上发布。快速建立信息发布通道，处理方式及时告知媒体。快速反应，诚恳表态，按照沟通的策略，加强与目标客户的沟通。设立新闻中心，发布消息，并且及时收集有用的反映，开展实际行动。

无论是小到设备没电、断播，大到被媒体投诉、曝光等这些危机，都需要快速应对。所以处理危机，快速最重要。只有这样，才能很好地规避和应对危机。

第八章
直播引流及粉丝运营

第一节　直播计划与复盘（上）

课程要点：

- 直播的目的
- 数据类型
- 直播复盘的准备工作

一、直播的目的

直播的目的比较好理解，是需要做销量还是做人气，用团队内部的试错打磨来做流程，或者多个需求重叠。无论是哪种，一定要把目的清晰化。

直播账号会经历几个阶段：养成、入围、增长、瓶颈、下滑或二次增长。

1. 养成阶段

初级阶段的账号，需要养基础人气，磨合直播团队。这个阶段，直播的目的主要是测试流量、测试产品、测试团队流程，所以复盘也要围绕这几个数据来进行。

2. 入围阶段

入围阶段流量已经基本达到一定的基础，达到主播要求。此时主要做的是产品的转化率，直播的业绩水平。所以复盘更多是基于目前账号的表现与转化来进行。

3. 增长阶段

增长阶段可以报名一些直播的活动，进入排位赛，这样流量就会不断地攀爬。在增长期，数据复盘环节就变多了。不单要复盘产品表现，复盘转化率表现，还要复盘团队协作。本场直播的粉丝数据有没有留存、有没有裂变、有没有粉丝黏性提升、客单价有没有拉高，这些都是复盘的内容。

4. 瓶颈期或下滑期

在这个阶段，环节、流程会不断重复，再进入一个养成—入围—增长—再养成的第二阶段。

二、数据类型

1. 粉丝团或者在线人数

包括粉丝数据、粉丝人数、关注度、加团人数、互动人数。

2. 流量数据

流量跟粉丝是有区别的，进入直播间就是流量，但不一定是粉丝。直播间的数据变化，UV（独立访客）有没有增长，PV（页面访问量）有没有增长，这些都是流量数据。

3. 粉丝黏性数据

在线时长、互动率、打赏率，这些都是黏性数据。

4. GMV（网站的成交金额）

这场直播达到了多少销量，有多少产品，卖出了什么产品，多少单量，多少单价，什么品牌卖得最好，什么品牌卖得最差，都需要分析 GMV。

每场直播结束后，都会有一个粉丝的复购数据，复购了哪些产品、复购了哪些价位的产品，都需要针对粉丝流量，根据 GMV 综合评估。

5. 优化目标

一场直播除了看数据之外，画面的质量和画面的呈现是可以优化的。根据直播的功能去划分，直播流程可以优化，直播脚本内容可以优化。那直播的产品定价和直播的利润是否可以优化，都可以去分析。

6. 分级活动设计和互动营销的设计

比如 GMV 要达到一亿元的账号怎么设计？又该怎么运营？GMV 一百万元，该怎么运营？这些运营优化指标可能没有最终数据进行承接，但在日常的工作和配合当中不断优化这些内容，这就是目标管理。

三、直播复盘的准备工作

1. 明确直播阶段，直播前工作准备

包括现场管理，拆分商品类目，拆分营销呈现技巧，拆分现场运营的工作职责。分工越清晰，复盘就越容易，越能够权责明了。明确复盘的目的，是为了提高优化和追责。目的不一样，预期和复盘的点就不一样，这是直播复盘非常重要的环节。

2. 工作流程

从商品到策划再到主播、助播、场务、售后、物流，都有工作流程。按照工作流程拆解工作内容，有人负责产品筛选，有人负责产品分级，有人负责产品策划，有人负责物料的准备，有人负责直播的呈现、提供样品，这些环节里面每一个版块都由专人负责。

工种与工作需要划分出来，这样可以明确职责，直播一旦出现事故危机，出现不太好的数据表现，可以从哪个版块最快找到原因，以及找到原因背后的负责人，并且找到下次优化提升点。

分享明确的运营和流程管理。首先商品开发人员提供商品和信息，按照用户的需求把产品分级、拆分，明确产品的销售量、销售额、订单量，并进行拆分，将直播的物料、产品贴片、样品准备、相应的资质等做成规范的内容交接给不同的主播。

3. 现场管理

流程管理、产品上架、福利说明、营销节奏是否正常，通过节奏管理，场务的配合，汇总本场直播的话术表达、呈现技巧技术、画面等。

按照以上内容回顾整场直播的流程，以及本场直播大概的配合和表现，这样就可以不断提升。

有了现场的合理管理就能够不断配合记录一些数据。比如在线人数的变化，直播间销售量的走线曲线和节奏，以及粉丝团的数据，粉丝的增长数，什么时段加团人数比较高，什么时段加粉率比较高。数据分析越详细，问题就会发现得越真实、越客观，就可以按照这个数据记录在现场调整营销节奏。

所以，要清晰一个概念，数据复盘不单是要在整场直播结束后去复盘，也需要边直播边复盘。

第二节　直播计划与复盘（下）

课程要点：

· 复盘粉丝
· 复盘商品
· 复盘工作流程
· 评估与评价

一、复盘粉丝

1. 粉丝基础数据

包含直播时长、观众、人数、粉丝数量、点赞量、互动数量、粉丝来源等。

粉丝数据有直播时最高在线人数、直播平均人数，以及这场直播的总共进项人数，这是粉丝的基础数据。按照粉丝的基础数据，基本上可以评估直播间是否在良性提升，是否在不断优化。

粉丝数据要看环比和同比，环比昨天，同比上一周都要去做比较。

2. 粉丝成交数据

付费人数、评论人数、点赞人数、互动人数、打赏人数，这些数据是粉丝和直播间的黏性与互动成交数据的体现。

3. 流量的来源

一场直播流量来自多个入口，可能来自于超级推荐、来自于主播排行榜、来自店铺，来自老粉丝和新粉丝。

不同粉丝来源的变化能够知道本场直播的流量走势。一般情况下，良性的直播间就代表能够不断从大盘重获数据，所以视频推荐、直播推荐的流量占比就会不断被拉高。老粉越多，说明账号的黏性和转化越好。

二、复盘商品

一场直播下来，一定要知道这场直播中销售额是由哪些产品带来的。不同的产品销售数据是多少，不同的产品价位销售数据是多少，都需要去分析。

分析单次的客观性不高，但如果以周为单位或以月为单位，甚至以年为单位去分析，数据的变化会非常大。会发现什么商品销售得不够好，什么价格段销售得比较好，这些都可以科学地进行评估，给商选团队合理的选品依据。

同时这些评估会给运营部一个支撑，哪款产品超出表现，哪款产品没有达标，其结果涉及产品摆放、单品销量预估、产品价格排序等直播营销方案的调整。

把这个思维模式带入网络直播里，会带来更好的直播收益和效果，这是商品复盘的概念。

三、复盘工作流程

每个环节的工作人员，完成效果怎么样，商选信息是否准确，直播策划的流程和策划的脚本是否合理，直播的导演有没有确保直播的呈现无误，直播的主播有没有比较准确、高效地诠释产品的卖点，直播的助播有没有协助调整直播的节奏，直播现场的场务有没有处理好应急问题，直播的场控有没有在协调上链接，导播、灯光与摄像有没有按流程执行，商家跟运营有没有及时配合直播的信息咨询及回复。

四、评估和评价

直播结束后，筛选三种产品逐个询问每个工种到底完成得怎么样，并且直接进行评分。

在这样的结构里不断学习，能力就会得到特别明显的提升，大概三个月的时间就能使一个可能不了解数据、不了解流程的运营，迅速成长为可以掌握现场、掌控数据分析模型的专业人才。

一场直播效果不好，第一要调人，第二要调品，第三要调节奏，第四才要调主播。到底怎么调，怎么提升，直播的复盘就是一个参考的标准。直播的复盘是为下一步的目标服务的，好的复盘会让整个直播团队越来越好！

第三节　直播销售粘粉与涨粉话术（上）

课程要点：

· 粉丝类型划分

· 不同类型粉丝的需求拆解

一、粉丝类型划分

每场直播的粉丝来源是不同的，粉丝的需求和出发点以及对直播间的期望也是不一样的。想把不同的人都留在直播间，就需要对粉丝进行类型的拆分，实现良好的需求触达。

1. 按照大类进行划分

以类别进行划分可以分为娱乐粉和消费粉。

一场直播当中，用户来到直播间是纯粹来购买和消费的，在来之前已明确要购买什么，看有哪类产品的销售，这些粉丝称为购买粉丝，也称为消费粉丝。消费粉丝可以从粉丝与直播间的关系黏性来划分为三个阶段：刚进直播间的处于了解阶段，已经产生过几次购买的属于熟悉阶段，经常购买的属于忠诚阶段。

消费粉丝又可分为三大类：第一类是刚性消费，指本来就想好要购买什么东西。这类用户的购买需求转化非常高，如果你的产品性价比还不错，转化是一个自然而然的过程。

第二类是从众粉丝。虽然想来消费购买，但购买意愿并不是很强烈，可能不太知道怎么去选择。更多是看别人买什么，就跟着买什么，这类粉丝的购买话术就和刚需粉丝的不同。

第三类是引导粉丝。这类粉丝并不想买任何产品，但是仍然可以被刚需粉丝和从众粉丝引导，冲动购买的粉丝更多是来自于引导粉丝。

娱乐粉指购买目的并不是很明确，只想打发一下时间，看一下直播有没有好玩的内容。

2. 按照时间段划分

按照时间段来划分是直播间里面比较通用的一个划分方法。这个方法是可以数据追踪、记录的。因为直播后台会显示，有哪些老粉丝来到直播间，有哪些新粉丝来到直播间。

按照不同的新老粉丝数据，仍然可以把老粉进行级别划分。按照平台给的级别和标识，一眼就能看出来粉丝在直播间看过多少次，互动高不高。

不同级别的老粉丝，根本需求也是有区别的，这就对话术的拆分提出了多样的要求。

3. 按照进入直播间前后顺序划分

按照直播的时段不同，一开播就能够进入的往往是铁粉，忠诚度比较高。或者是近期被吸引过来，正处于蜜月期的粉丝。忠诚的铁粉逢开播就先来，被真诚打动，被产品打动。处于蜜月期的粉丝在未来一个月内的购买概率非常高，再往后他与你的互动可能会减弱。

开播了一段时间之后进来的粉丝，也分为两大类：一类也是铁粉、会员，另一类就是直播间的随机新粉。

从开播的第二个小时开始，新粉丝的比例会不断加高，这些不同时间段进来的粉丝，就要有不同的话术和对应的方法。先认识粉丝的不同类型，才可以做到百战不殆。

二、不同粉丝类型的需求拆解

1. 刚需粉丝

刚需粉丝想看的是产品外观跟细节，产品本身信息已经大于一切，再看性价比。具体来说，需要讲解四点：一是产品的外观，包含形态规格、包装；二是产品的使用，打开后的细节，使用的感觉，材质质地；三是性价比，有哪些特定的福利、特惠的理由；四是售后，发货和服务。

2. 从众粉丝

从众粉丝来到直播间，由于他们的需求不明确、不强烈、不确定，因此需要引导。

引导需要以下几个方法：第一个方法，场景化引导，告诉他们怎么去用产品，什么时候用，跟谁一起用，把场景细分化、高频化，制造需求。第二个方法，进一步展示产品、讲解产品，讲品牌的历史和实力，凸显产品背后的竞争力。第三个方法，讲差异化、优势、卖点，这么多品牌为什么独选这一款，一定要尽可能把差异化讲明白。第四个方法，讲解产品价格。

粘粉与涨粉的话术，体现在对需求的细化拆解上，同时也体现在讲话的逻辑跟顺序上，顺序非常重要。切记价格永远是放在价值后面的，讲解的逻辑跟顺序要符合用户的心理。

第四节　直播销售粘粉与涨粉话术（中）

课程要点：

- 如何引导关注才有效
- 引导关注话术的重点解析

一、如何引导关注才有效

前面传递的价值足够多了，这时讲“关注我、点小红心、给我一个关注，给我一个点赞……”这个行为是顺其自然的，这样引导关注才有效。

二、引导关注话术的重点解析

1. 激发购买

一定要让粉丝在直播间通过激发产生购买的想法，但同时也要不断降低产生购买的障碍。类似“今天可以不买啊，宝宝们下次再来买吧”这样的话一定少说。要带来瞬时转化，才能提高直播间的权重和热度，带来更好的成交。

2. 激发购买的技巧

激发购买的“营销技巧”共四步：

第一步，让买家主动做心理预期，做承诺的兑付。在很多购买场景下，通过粉丝互动，征询意见，引导粉丝下一次购买的动因，这个称为引导粉丝去要。

第二步，通过限时、限量、限价、限人等手段，引导粉丝去抢。限时是一个初级玩法；限量有很多玩法，限主品、限赠品、限不同尺码、限不同颜色；限人，比如“老粉丝可买，只限新粉丝首次购买，或者仅限老粉丝特价，新粉丝今天买了不发货”，这就是消费心理的应用。

第三步，征询意见。通过征询意见，既激发了购买，又增加了互动，增强了黏性。通过增强黏性的沟通，通过强互动、征询意见、营造抢的氛围，通过让粉丝给出时间承诺，激发顾客购买的意愿。

第四步，下单，付款引导。付款之前告诉粉丝怎样操作，做个引导动作。这就叫让买家做出付出。付出第一步是付款，第二步是时间。付出时间是一个强互动的前提。

第五节 直播销售粘粉与涨粉话术（下）

课程要点：

· 如何降低顾客购买障碍

· 直播话术重点总结

· 不同品类的直播话术

一、如何降低顾客购买障碍

很多购买障碍，除了主观之外，还有很多客观原因。那在直播间怎么去降低顾客的购买障碍呢？

1. 大促活动

直播的开场一定要传达本场真诚的福利、促销刺激的引力足够大，让顾客觉得现在及时购买确实是在省钱，这就降低了顾客购买障碍。

2. 惊喜活动

设计活动，如点赞抽奖、整点抽奖、半点的购物截屏领好礼等方法。很多时候顾客的购买障碍来自于被说服的时间不够。通过在直播间化整为零的方式，留住顾客，延长听讲解的时间，降低购买的障碍。

简单来说，降低顾客的购买障碍就是不断抛利益，把利益化整为零，不断渗透，也把价格、促销化整为零不断渗透。

二、直播话术重点总结

（1）口齿清楚，语速稍快。

（2）讲解要专业。

（3）节奏一定不要拖拉，直播拖沓，观众人数必下滑。

（4）主播能说，人气增加。

（5）精准的内容带来精准的转化。

（6）精准的投放带来的就是流量。

（7）直播场景造得好，主播的话都可以少讲。

（8）氛围音乐用得巧，直播氛围就会妙。

三、不同品类的直播话术

1. 护肤品和保健品

这类产品大家购买是比较有疑虑和担心的，留人、粘粉，都需要解决信任问题。作为专业的主播，需要通过解决用户的信赖来促进留存和成交。

在前期通过建立信赖，把这类产品讲解得更加清楚。讲述产品的正确使用方法，面对差评和黑粉，快速转移到客服那边，避免在直播间长时间纠缠。

2. 珠宝和二奢类

转化核心不是讲产品的功能卖点，而是制造购买的强烈意愿，需要引导场景、人群。

这个类目单价往往较高。讲解越诚恳、越专业，别人信任度越高。需要做到的是缺点营销配合，比如“翡翠略有瑕疵、略有裂痕，所以其性价比很高”，“这个二奢品、包包略有使用痕迹”等，但这种缺点要无伤大雅。

注意这类产品一定要一对一转化、一对一成交、一对一互动。

3. 食品和母婴类

这两类产品的转化要解决安全问题，留人的时候能够讲述到安全承诺，假一赔十，能够讲到成分的安全性，进口报关单，就可以帮助你把粉丝留下。

食品类、母婴类产品的正规性和安全性讲述得越多，代表主播对粉丝越尊重，那粉丝自然就会流存、自然转化。

4. 服装类

在讲述服装类产品时，需要至少有十个场景来引导留住粉丝。要知道怎么去包装服装，怎么搭配服装，什么场合穿它。服装主播要解决从众问题，还要引导看品的顺序，避免直播间出现多个粉丝要求讲解展示不同款式。如果发现这类问题，就需要助播做情绪安抚，顺序引导，考虑更多人的购买感受。

第六节　直播引流工具及方法（上）

课程要点：

· 公域流量的来源

· 如何增加直播权重

一、公域流量的来源

直播流量分为私域流量和公域流量两个部分。私域的玩法，目前还在初级阶段。想要获取更多的公域流量，要注重以下几个渠道：

（1）短视频和新发短视频推荐流量。

（2）短视频 App 的直播广场。

（3）同城页面。

（4）官方活动和话题。

二、如何增加直播权重

公域流量的引流目的是转化成私域流量，增加直播权重。

平台有一个很明确的算法，冷启动曝光，按照作品的内容所带来的用户点赞、关注和转发量，来计算这个作品有没有可能进入第二个分发池。度过了冷启动期，拿到第一波平台流量，就可以开直播了，这说明目前作品已进入了数据挑选期，通过这个视频的引导，直播间有了第一批种子用户作为积淀，可以做直播权重了。

直播权重与点赞率、留存率、转化率、互动率相关。这些数据越高，直播权重越高，就越有可能拿到更高的流量。

目前，任何平台都希望主播开直播，所以给了直播很多优惠政策和加权。只要开直播，短视频账号也会得到更多的流量，所以哪怕还没有小黄车，不能带货，想要增加直播权重，就要尽量先开直播。

第七节　直播引流工具及方法（下）

课程要点：

· 直播间免费流量

· 直播间付费流量

一、直播间免费流量

（1）个人的私域流量，短暂预热，让私域流量看到，触达私域粉丝。

（2）短视频、直播预告，提前3~5天开启，持续发送。覆盖更多的粉丝，让没有关注的人，都能够看到内容。

（3）直播当天至直播过程中，也一定要发视频、花絮，可以带来更强的用户关注与黏性，这些都是免费流量。

（4）直播过程中对下场直播的预告。通过直播预告强化信息，让更多粉丝记得直播的时间和规律。

（5）站外的预热、站外的私域、站外的社群、站外的微博、小红书、公众号都可以预告直播，进行导流。

（6）直播期间，不断地刺激粉丝，对直播间进行转发，可以多次转发。也可以发花絮，通过第三视角的传递，让更多的粉丝能够看到直播的画面。

（7）直播的封面标题，一定要具备吸引力。

（8）转发多内容刺激。比如今天直播会有十个大牌，有五个秒杀，有四个特价，让这些直播的福利活动产生购物的启发力和引导力。

（9）通过报名官方活动来参与流量的分配。

二、直播间付费流量

通过付费的方式，把人拉入直播间，让他们能够更多地关注直播，这称为付费流量。以抖音和淘宝为例。

1. 抖音

比较主流的投放方式分为 feed 流和 dou+。相比 dou+，feed 流是专门为直播流量推出的一个新的推广模式，效果会比较明显一些。feed 流有以下三个特点：

（1）显示直播的实时画面，能够最大限度引流。想要投放 feed 流，需要对直播的内容、画面比较自信。

（2）支持按照人群定向投放，可以灵活地买量，而且有系统地推荐模型，以确保效果最大化。

（3）有跳转和直投模式可以选择。当直播画面比较好的时候选择直投模式，直播间处于初级阶段，短视频做得很好，就建议跳转模式。

feed 流投放，比较适用于标品❶或比较差异化的垂直产品❷。

dou+即投放短视频，也可以运用到直播投放。可选择投放加热方式，也可以选择投放金额、投放时间、投放人群。dou+分为直接加热直播间和加热短视频两种，投放路径不同，效果不同。

当投放比较专业的时候，建议用 feed 流。投放不是很专业，则建议先用 dou+进行测试，因为 dou+可以做到平均投放，比如投了 3000 元要用三小时，发现第一小时投完之后效果并不好，可以暂停直播，暂停直播之后，投放的金额会原路退回，但是 feed 流不可以。如果需要快速引流就需要投放 feed 流，如果需要平均导流，就需要投放 dou+。如果直播间需要上大热门、需要快速见效，就需要用 feed 流。如果现在直播间已经很稳定了，就可以持续用 dou+。

2. 淘宝

淘宝付费流量包含直通车和推荐，可以选择始终推广和直播结束则推广结束。一般情况下，要尽可能选择第二种。

推荐有点类似于 feed 流投放，方式上可以选择在微淘曝光，可以在广场曝光，细节上可以选择投放的地域、人群、年龄段、兴趣、标签、关键词。

直通车的投放与推荐的区别：直通车更为灵敏，每个出价改价流量都会有很大的变化，但是推荐不是很敏感，需要投放更大金额。所以大商户尽可能选择两种方式同时使用，小商家建议选择直通车。

想要直播流量多，直播的私域不可少。付费不是万能的，自身强健很重要，能够把人留住，才能去投放。服务推广，投放不投放要认清账号所在的阶段。如果是新账号，建议先练内功；如果是大账号，建议打组合拳。

第八节　私域流量获取及管理（上）

课程要点：

- 私域流量的特征
- 触达私域的方式
- 如何获取私域流量
- 私域流量的沉淀

一、私域流量的特征

（1）自由。可以随时触达这些用户的联系方式，并且能够触达用户的消息，随时免费地触达用户，

❶ 标品就是有明确的规格、型号的产品。

❷ 垂直产品就是产品从制造、批发、零售组成一个统一体，直播拥有这种产品的特许经营权。

不用额外付出采购成本就能够通过各种互动方式让用户知道店铺信息和商品信息。

（2）免费。

（3）直达。

（4）持续。针对已有的用户人群可以不断反复地触达。

这四个特点缺一不可，否则就不叫私域流量。

二、触达私域的方式

1. 淘宝、天猫、京东、拼多多

这些都属于电商平台，信息获得方式很简单。用户可以通过搜索、推荐店铺获取信息。用户跟平台的互动主要是通过浏览、推荐、购买行为产生。

微淘、店铺群、旺旺都是沉淀私域的交互工具。关注店铺和关注店铺动态，同时在店铺里无论购买过、浏览过、关注过还是加入过心愿单，只要互动次数超过一次以上，并产生了一定的购买或浏览痕迹的，就称为店铺的私域。

2. 抖音、快手、B站、小红书

这些内容平台与用户的互动非常多。在这些平台账号里，点赞、关注、转发、评论都是互动，粉丝是平台内部的私域流量。粉丝群、私人消息、群发消息是和私域互动的主要方式。

快手是以关注为主，推荐为辅，沉淀私域比较容易。但是获取公域的能力相对来说比抖音弱一点，用户的忠诚度会比较高。

3. 线下到线上的私域

线下门店私域流量的呈现工具，有卡券小程序、表单系统、会员营销，甚至是在门店里面，可以到店扫码抽奖进行私域沉淀和交互。

三、如何获取私域流量

1. 从公域获取流量到私域

善用直播、短视频、直播挂链、短视频挂链销售，无论跟用户产生了内容交互还是商品交互，都会不断地在公域平台内部获取更多用户的关注。

2. 门店的公布和展示

想要更好地获取公域流量，可以开通蓝V账号，开通门店，开通位置信息，这样通过门店的简介、门店的地理位置提取，获取更多展示和推流的机会。

3. 商品的成交

成交用户的互动是最高频的，忠诚度是最高的，获取的用户信息也是最全面的。这个时候以低价、优惠福利引导成交，都是获取私域流量很好的办法。

四、私域流量的沉淀

私域流量的沉淀主要包括以下五种形式：

（1）微信。

（2）微信群。

（3）微信公众号。

（4）小程序。

（5）视频号。

私域的沉淀包含了社交沉淀、交易沉淀、互动沉淀。沉淀的逻辑不只是让用户认识你，还要能够随时找到你。

引流到沉淀，就完成了私域池的建立，接下来需要维护和运营私域。

第九节　私域流量获取及管理（下）

课程要点：

· 私域流量运营闭环目标

· 私域流量变现逻辑

一、私域流量运营闭环目标

在私域内部也是可以建立运营闭环的。这个闭环指所有成交，都可以在微信内实现，包括直播也要在微信内实现，落地订单转化也需要在微信内呈现。

二、私域流量变现逻辑

私域比公域变现多了一层，称为复购频次。在私域内，销售额=流量×客单价×转化率×复购频次。不断提高用户的复购频次，提高成交的次数是运营私域的核心目的。

私域有流量、转化率、客单价、复购频次四项重要指标。

1. 流量

私域流量来自于公域的导流，也来自于私域的沉淀和存量，以及裂变的增量。这三个流量加在一起，是私域流量的核心组成部分。

2. 转化率

私域里做转化需要有一些营销的内容，嫁接多种营销工具，转发平台活动，转发直播链接，转化营销方式。私域的转化逻辑、转化工具和方法会比公域更多，且转化是非常直接的。转化率需要策划针对私域的活动、营销内容和营销节奏来不断实现。

3. 客单价

私域也需要有促销内容、专属活动、卡券工具。善用工具，做出优惠的客单价，会使私域用户更加认可。

4. 复购频次

在私域内做复购，第一可以做会员体系，第二可以做社交维护，第三可以做内容维护。

交互的目的虽然是为了成交，但不要忽略关系的维护，只有维护好关系，才能成交。

如果有了这个运营逻辑，做好以上四项工作，就能不断促进私域，使之成长得更好。私域流量永远是价值的蓄水池，想要赢得更高的竞争优势，就需要建立流量的护城河。

第十节　设计吸粉账号

课程要点：

· 账号的基本构成
· 三种账号的搭建技巧
· 直播账号吸粉要素

一、账号的基本构成

无论是个人账号，还是品牌账号，账号的构成包含头像、背景、昵称、简介、内容、直播等多个基本要素。

这些基本要素影响着账号给人的第一印象以及关注、认可与否。每一项都相当重要。

二、三种账号搭建技巧

1. 个人账号头像、简介背景、昵称、主题

需要进行统一的规划和设计，头像的设计应尽量人格化，体现品类的特征。背景需要跟头像融为一体，风格、颜色保持融洽一致，创意抓眼球，能简洁地表达 IP 观点。昵称需要人格化，体现个人风格，尽可能带有品类特性，为账号后面的变现做储备。简介尽可能简单明了，内容传递一定要准确，写明我是谁，要做什么，我能为你带来什么。

2. 品牌账号头像、简介、背景、昵称、主题

品牌账号的头像以品牌 logo 为主，背景的颜色要尽可能和风格一致。昵称和简介比较简单，昵称就是品牌的名字，或拟人化的描述加品牌的前缀或后缀。

3. 蓝 V 账号头像、简介、背景、昵称、主题

蓝 V 的账号名字，一般取决于公司名称或者品牌名称。简介主要讲述品牌的故事，能够给用户提供的人格化利益点。

三、直播账号吸粉要素

1. 清晰的画面是基础

要做到直播不卡顿，画面清晰，提升画面质感，保证直播间的音效和良好的场景与氛围。树立直播场景的美感，打造好的印象。

2. 昵称贴片是门面

一般情况下，昵称不要超过五个字。贴片内，可以要求关注点赞，可以把关注的利益和点赞的利益以活动形式呈现，展示福利和利益点，用来传递主播的身份，补充主播的话术，持续吸引关注。好的直播贴片，既可以提高直播间的专业度，又可以提升留存跟关注。

3. 主播的引导是关键

主播的引导、主播的妆容、主播的表达，是涨粉的关键和必定要素。尤其是主播的话术，是重中之重。

开播前，重点讲解利益点的传递。直播中要做关注的引导，引导关注的话术每小时出现不得低于两次。直播间内要做预告，提高引导关注的必要性，把下次直播的利益点抛出来，说明直播的定位，为粉

丝谋福利；做好售后及服务跟踪，告知观众关注之后，售后和服务要更及时。

4. 短视频是直播涨粉的助推剂

短视频要尽可能做到完整、清晰、主题明确、内容表达符合人设。起到预热、引流、分发的多种作用，为直播提供更多的流量和触达。

设计一个吸粉的账号，搭建一个比较好的直播画面，用主播的专业话术来吸粉引导。有了这三个步骤，才能带来好的效果，这是实现直播涨粉的关键。

第十一节　应规避的账号限流操作

课程要点：

· 账号限流的表现与违规信息查询
· 如何规避限流问题
· 已被限流如何应对

一、账号限流的表现与违规信息查询

账号被限流这件事情，一定要先得到官方的通知，才能够被认定为账号被限流了。

如果账号本身存在画面不是很清晰，内容做得不优质，账号流量不高等问题。这并不是被限流了，而是需要优化提升账号。

账号被限流到底有哪些表现可以认定呢？

(1) 账号的系统通知。

(2) 直播或账号短视频无法加热，无法推送。

(3) 无法私信或关注他人。

(4) 直接被判定为搬运号或直接被判定为违规号。

想要查询违规信息，可以选择下面的方式：

首先，看消息系统通知，点开反馈与服务，点开账号违规记录查询，点更多，就可以查询到违规信息。

然后，点开创作者服务中心，点开账号，进行违规自助查询。

二、如何规避限流问题

1. 确保视频不是低质量的或者搬运的

不要出现任何其他平台的 logo、跨平台的水印，做好内容的二次处理。

2. 拒绝有隐形危险的视频

隐形危险包括：不符合《广告法》的规定，疑似赌博，疑似众筹。这些平台不允许、不推荐的行为，不可以在视频里面出现。

3. 广告营销类

在视频里面不允许出现品牌 logo，不允许出现门店，不允许出现价格和直接的、过度承诺的优惠利益信息。

4. 不发放未授权的明星内容

包括影视内容和赛事内容。

5. 不要让挂车的商品出现问题

发布的商品信息违规、宣传夸大、虚假不实，都会影响短视频或直播的流量。

6. 不要违反法律法规

不要出现违反《广告法》的行为，不去触碰、违反平台列举的不允许直播的品类和平台不提倡的直播品类。

7. 不要做违反公序良俗及社会公约的内容

不允许出现平台不提倡的，影响社会公约的内容，比如大胃王吃播等。

8. 其他问题

不做跨平台直播、语音平台直播、刷榜直播、无人直播等比较投机的直播行为。

三、已被限流如何应对

1. 账号给了违规提醒，出现禁播行为或禁播画面

改掉违规行为、不良习惯，处罚期过后，正常开播。

禁播期后，还会在平台的监测期内，这期间一定不要再出现二次或三次违规，如果连续违规，就很容易被封号。

2. 短视频被限流

调整视频内容，在这期间低频次地发布高质量内容。尽快度过限流期。

3. 直播被限流

正常开播，但要把直播的时间缩短。一定要确保直播的频率，一方面是为了让老粉丝能够不断地进来关注，不要流失。另一方面是确保通过更多的老粉丝互动留存用户，给账号保留直播的活跃度，提高账号的权重。

4. 账号现状严重，违规多次

建议换账号直播，因为账号已经被打上了违规的标签。如果账号价值比较高，那要去跟平台沟通，让账号的权重能够尽快恢复。

提前了解平台的规则和直播规范，沟通到底错在哪，然后改正。提前了解品类的限定措施，对不提倡的品类和被限制的品类，严格按照平台的规则执行。

综上，在限流之后，注意以下几点：第一确认是不是被限流了，违规了；第二平时做好预防和规避；第三，面对限流，保持自我激励，不断去灵活处理，保持内容的发布。

第十二节　提升粉丝活跃度、留存率及转化率

课程要点：

· 直播间人气模型
· 如何提升直播间的人气
· 粉丝活跃度提升
· 如何提高粉丝留存率
· 如何提高粉丝转化率

一、直播间人气模型

人气模型的解读就是对很多用户的交互行为进行统筹，做闭环分析。想了解人气模型，先来看看直

播的人气构成。

1. 直播的时长

直播时长是新手主播积累直播人气的重要手段，通过时间段累积更多的人气。对于平台来说先不看质，先看量。当直播的时间比较长了之后，平台会认定这个账号的直播人气应该是比较高的。

2. 直播的互动

直播的互动里包含点赞、评论、回复。这些是提升人气和验证人气高低的核心要素。

3. 直播的转化

转化包含订单购买，直播关注。无论是成交转化还是关注转化，都称为直播的转化。

4. 直播的裂变

在直播中，如果有人帮忙分享、转发，是衡量直播间忠诚度的一个重要指标。

在直播间里面，粉丝的人气模型分为：认识到直播间，看到过直播间，在直播间互动过，养成观看习惯，不断购买，产生福利，产生依赖，提高忠诚度这几类模型。

按照人气的模型，可以把认知的过程做以下拆解：

（1）潜客，指进入直播间，不一定产生购买、互动，却是潜在人气的粉丝群体。

（2）参与直播话题、互动，跟直播间产生互动，形成初步看直播间的习惯。

（3）产生购买行为，强联动。和直播间有了共同的利益。成为粉丝和会员，认可度、信用度在不断地提升。

（4）铁粉，直播间的互动提高，粉丝等级不断增高。在粉丝社群里面有些专属的特权，忠诚度是比较高的。

这四个层级的粉丝和直播间的联系，就构成了直播的典型人气模型。

二、如何提升直播间的人气

想要提升人气，要先提升直播间的基础人群，也就是潜客的人数。获取潜客，需要先提高直播间的关注度。

1. 人、货、场概念

直播间是人、货、场的结构。需要先满足舒适的直播画面，它是一个场；适合的，适当的，比较有利益点的商品，这是货的概念；主播有专业的表达，这是人的概念。

2. 宣传和吸引

宣传、吸引不单包含直播话术，直播道具、贴片，还包含很多直播形式。比如说 PK、连麦，都是可以让直播间变得热闹的形式，有了宣传才能带来一个比较好的直播关注。

3. 不断设定关注利益

比如关注领金币、领红包、抢福袋，通过给新手发任务，能够让很多粉丝不断去关注直播间。

4. 高性价比产品持续的引流推广、抽奖和秒杀

高性价比产品持续的引流推广、抽奖和秒杀可以带来更加长久的关注跟高频互动。

把这四个步骤组合在一起，直播间就会有比较好的关注效果和结果。

三、粉丝活跃度提升

1. 做到有规律的直播

每周固定时间开播，帮助粉丝养成比较好的看直播习惯，养成和直播间固定的互动频率，不断把这些潜客变成初级粉丝、初级会员。

2. 直播的预热和预告

无论是发短视频预告，还是在本场直播预告下一场直播，都可以不断提高粉丝的持续活跃度。

3. 在直播间插入话题引导互动

这种互动是直播活跃的关键点。无论是问题征集、意见征集、购买互动，都是通过塑造直播话题来引导关注的。

4. 私域的沉淀互动

粉丝沉淀之后，要不断告诉粉丝，什么时候开播，什么时候卖什么好的产品，让私域流量能够不断回到公域，不断提高粉丝的活跃度。所谓的活跃，不是活跃一次，而是持续的动作。

5. 直播粉丝等级吸引

打造等级体系与看直播的时间挂钩。等级越高，服务就会越强化。

6. 定期的粉丝福利活动

只要关注了就可以抢福袋、领红包。通过不同的粉丝福利，让更多粉丝感觉到原来只要是会员就会有不同的活动，也会提高粉丝和会员的黏性。

四、如何提高粉丝留存率

1. 不断提高直播间影响力

在同等竞争环境下，影响力大的直播间更容易获得粉丝留存。

2. 做粉丝利益跟服务的强链接

不但要销售产品，还要做好服务。维护粉丝的利益是留住粉丝的关键，利益关联度高才能带来粉丝的强留存。

3. 优势产品的促销吸引

提高优势品牌的合作，提高直播间产品供应链的影响力，结合秒杀、饥饿营销、促销环节，不断地提高粉丝留存。

五、如何提高粉丝转化率

（1）讲解产品要专业。

（2）掌握不同的粉丝类型和需求。

（3）制造紧张有序的购买氛围。

（4）准确地传递产品的基础卖点。

（5）对粉丝进行一对一售后管理。形成良好的粉丝体验，从而来不断提高粉丝的忠诚度。

（6）满足用户的需求，才是带来转化的核心，所以一定要了解用户，了解粉丝。

直播的人气就像个漏斗，漏下去的人越少，直播间的人气积累就越多。要不断地去弥补和减少漏斗里面的减分项，才能不断正向积累人气，做一个优质的直播间。

第九章 订单处理

第一节 直播电商的订单类型

课程要点：

· 电商中的订单处理

· 订单处理的类型

一、电商中的订单处理

直播电商最显性的特点有三个，与订单处理和客服处理有比较大的关系。

1. 短时间、高集中式的爆单

短时间、高集中度的流量会带来爆发式的订单。这个特点会给订单处理和客服处理带来很大挑战，甚至是对整个供应链和服务体系的压力测试。但如果善于总结与优化的话，这个特点也为直播的订单处理流程、客服处理流程带来前所未见的优化机遇。

2. 直播代替图文

直播代替图文的方式，消费者的购物体验有了跨越式的提升。这种变化实质上让主播承担了以前客服的一部分工作。之前可能会去找客服咨询很多问题，而现在大部分问题都可以在直播间当场解决。这种变化带来的是购物体验的跨越式提升，但也给传统的客服工作带来了新问题。

3. 订单和客服处理

直播电商目前还处在蓬勃发展的时代，并在不断地自我规范。直播对于电商效率实质性的提升是确实存在的，但直播电商中存在的问题也是多种多样的。这些对于订单处理和客服处理是很大的挑战。

对于这些问题，应该通过团队制度将成熟的部分尽快落实并且标准化。比如把直播流程与订单流程分开，建立不依附于平台的标准流程，同时将客服团队归总，同时收拢多个平台的客服请求，做统一处理。

总体上来说，直播电商行业在不断规范，相应的标准化也在逐渐落地。一些订单技巧和客服技巧，也不是机械式地照搬。希望大家能够更加深入地了解自身的问题需求，灵活运用各类技巧，形成自己的解决思路。

二、订单处理的类型

从不同的维度可以对直播订单进行简单的类别划分。从货品来源分为有品牌货源订单、主播自备订单或服务商货源订单等模式。

1. 品牌货源

在这种方式中，订单处理全部由品牌方来完成，包括直播前的订单备货，直播后的打单发货、退换货等。而所有的库存风险也由品牌方来承担，所有的客服工作也是在品牌方的店铺来完成。

相应的，这些订单和客服，都会汇总到品牌方来处理，这种方式的好处是流程简单，主播承担的任务在直播期间就可以完成。不足之处在于直播之后，对主播和品牌的沟通要求较高，一旦品牌方的订单处理或者客服处理不理想、不及时、不到位，就会严重影响主播的口碑。售后来源也会分散，主播和品牌的店铺可能都会收到顾客的客服请求，需要双方协同来处理。主播和品牌合作过程中，产生的矛盾大多是由此出现。

2. 主播自己备货

这种订单全部是由主播方自己来处理，库存也由主播自己来承担，而销售之后的客服接待也由主播的自建客服团队来完成。

这种方式的好处是责任主体明确，就是主播本人。整个直播也是在主播的团队内部完成，沟通协作的效率较高。不足之处是对主播团队的要求很高，主播需要自建庞大的供应链团队与客服团队，而积压的库存也比较难以处理。

3. 服务商货源

随着直播行业的发展，专业的服务商在货源和主播之间搭建起桥梁，这类的服务商往往精通供应链与订单管理，并且已经发展出了比较专业的运营团队和客服团队。

在客服处理问题上，服务商一般会自建比较专业的客服团队，从授权培训、直播间客服到售后处理，全程都会跟踪。同时，不管顾客是在直播间评论，还是在店铺后台，或是给主播私信，都会由服务商归总处理，统一为顾客提供客服体验。服务商的模式将专业的服务集中到专业的团队中，越来越受到主播和品牌方的欢迎。

从直播形式上进行分类，可以把直播订单分为品牌自播、产业带直播、网红带货等多种方式。

品牌自播是由传统电商发展而来，立足于品牌本身。一般订单处理与客服处理，也都由品牌店铺统一处理，不会做过多的区分。

产业带直播一般是聚焦于某一个特定类型的货品，因此具有非常显著的特征，相应的订单处理与客服处理也都较有特色。

除了以上几种分类方式，还可以从促销类型上对直播电商的订单进行分类。直播间的促销方案和传统电商有比较大的不同，传统电商比较在意顾客的停留时长，一般会设计需要用户投入精力的促销方案。比如经常看到类似于积分返现、打卡签到、任务返现、团购拼购、定金膨胀这样的方式。而直播电商则不同，在直播中要求在几分钟的时间内迅速建立起用户心智，简化下单的决策流程。因此，越简单、越直接的促销方式越有效。这样，需要凑单的、较为复杂的方式，给订单处理和客服处理带来了比较大的不同挑战。

除了以上几种分类方式，每个行业、每个商品都有其特殊性，也会形成特殊类型的订单。比如虚拟商品、线下交易的订单、预售的订单、反向定制的订单、非标品的订单，会在直播订单处理当中选取一些共性，以具体事例进行说明。

第二节　直播电商的订单处理

课程要点：

· 直播电商的订单处理特点

· 订单处理流程

一、直播电商的订单处理特点

在新闻中听到关于直播最多的词就是爆单。短时间内订单的高度集中爆发，就是直播电商订单最显著的特点。这意味着直播间的订单集中度相比于传统电商会高出若干个数量级。

每一个订单背后，其实关乎的是整个供应链的联动。每一次大型直播都是对供应链全链条的压力测试。

1. 订单爆发、订单潮汐

直播团队要处理的核心要务就是高集中度的订单，该如何在要求的时限内进行妥善处理。如发不出货或者发货速度太慢、备货太多导致积压库存，这些问题都是难以接受的。

订单的爆发带来一些隐性问题，比如订单潮汐。直播期间和非直播期间，订单的巨大落差，称之为订单潮汐。这对团队搭建、人员配备、场地设备等都是不小的挑战。综合考虑人力资源的平衡，是每个直播运营团队要面临的课题。

2. 直播订单的规模比较难以预测

传统电商平台中，流量获取的途径比较稳定，即使像“双十一”大促期间，也可以根据平台的活动、商品的促销力度、加购收藏的数据、流量的历史数据、转化的历史数据等手段比较准确地预测订单量。

直播电商是分钟级别的总动员，直播期间的流量状况、竞品状况、主播个人状况等不确定因素比较多。操作上差之毫厘的失误，可能都会给订单量带来非常大的影响。

3. 直播订单退款率

首日的退款率偏高。直播间的成交订单会带有较高的主观情感因素，一些冲动下单的顾客，也可能会在冲动过后选择退款。

首日退款率问题其实会增加相当大的工作量，所以从一正一反两个方面来看，都应该控制好首日退款的问题。

4. 直播的回款比较慢

目前平台的回款方式，大部分是 t+7。这个 t 时刻，是用户收到货并且确认收货的时刻。直播订单的客户，目前很少有主动确认收货的习惯。客服发过去的催款确认的消息，也经常会被客户忽略。

直播订单的整个回款周期加起来将近一个月。也就是说，在直播后一个月，大部分的订单流程，才算是真正的完成。在这期间任何的订单问题，都需要跟进处理。

二、订单处理流程

订单管理的周期，至少应该覆盖直播前 7 天到直播后 30 天的全流程。按照时间顺序，订单管理大概分为几个方面：

1. 直播之前的备货管理

在直播之前，就要做好充足的备货管理工作。这里面涉及安全库存与最大库存的概念。

安全库存，顾名思义就是在直播时存放在库房中，可以百分百安全发出去的库存。

但直播之后，还有一个小的时间差，就是发货时限。比如一般平台会要求某个货品，在直播后 48 小时或者 72 小时必须完成发货，并且要求在平台上传所有的发货快递单号。这个 48 小时或者 72 小时的时间差，是非常宝贵的。在这期间，如果能够备齐货品，并且完成发货的所有的库存加起来，就是最大库存。

这就需要在了解这两个库存概念的基础上，找到优化的订单处理方案。

2. 直播期间下单管理

传统电商在消费者下单时，是不会对商品链接做任何调整的。但直播电商会经常性地临时更改促销方案——在直播期间临时修改价格、临时增加库存、增加赠品等，再加上直播砍价、现场加库存、现场赠送这些非常态的促销方式，往往可以达到炒热直播间氛围、刺激订单量的显著效果。

要达到这样的效果其实要求主播和商家在直播之前，要进行比较有效的沟通。比如是否有消费者在改价之前就下单的问题，安全库存和最大库存的问题，修改赠品是否会影响打包发货的问题。

关于直播期间下单管理，还有个比较复杂的问题就是增减库存的规则。目前有两种比较主流的方式：一种是下单减库存，也就是说，用户下单成功后，直接在后台减少库存数量。另一种是付款减库存，也就是说，等用户支付完成，并且反馈给平台之后，才减少库存数量。

下单减库存的优势是用户体验比较友好，库存数始终是安全的，不会产生超卖的问题，缺点就是会导致恶意下单，影响正式销量。

解决这个问题有以下几个方法：①设置订单的有效时间，也就是如果订单创建成功，几分钟之后不付款，订单自动取消，多数平台一般会默认 15 分钟或者 30 分钟；②限购，比如用各种条件来限制买家的购买次数，比如某一个账号，某一个 ID 只能买一件或者只能买一份；③可以通过风控阻断，从技术角度进行判断，来屏蔽掉这些恶意账号，直接禁止这些恶意账号购买。一般情况下，类似于秒杀、抢购、促销活动等，这种方式可以使用下单减库存的方法，并设置好有效时间、限购条件加上风控阻断。

付款减库存的优势是减少了无效订单带来的资源损耗，缺点是因为很多支付方式，返回结果存在时差。在这个时差里，多个用户可能同时付款成功，这样就会导致下单数超过了库存，也就是经常说的超卖问题。

其实超卖的订单，意味着客户的购买意愿，如果这个时候客服及时介入，给客户推荐相似的产品，能够取得比较好的订单量，同时也可以和客户建立起更深的联系。

3. 直播之后的发货管理

直播后的订单发货管理，按照流程包括发货单拆分、发货单创建、打印订单、配货、拣货、包装、称重、出库、签收等一系列的步骤。

在直播电商中，往往一场直播中有多个商品，是由不同的品牌或者不同的品牌供应商提供的，基本上不可能合并。但其实这一点也给发货过程带来了巨大的便利，就是每一个订单都是一致的商品，可以极大地提高工作效率。

建议主播在直播的时候着重强调，不要将商品加入购物车，直接下单、直接购买、不要凑单。

仓库的工作，包括配货、拣、包装、称重这几个步骤。这在直播电商中是可以放到直播之前就提前处理的，做预包装、预分仓，甚至预发货。这样在直播之前，就已经完成了大部分的打包发货工作，等直播之后，订单信息一出，贴上快递单就可以交付物流了。既大大提升了客户的到货体验，也同时降低了平均物流费。

4. 退换货管理

退换货管理需要系统支持，订单的修改、取消、退款、退货，都需要在系统上进行处理。

由于直播冲动购买等，直播之后的第一天退款退货率比较高，在订单修改、取消、退款、退货这四种请求中，退货对订单系统的压力是最大的，所以应当尽量在发货之前处理掉退换货，降低发货之后的退换货。

在直播后要求退款的情况，客服团队应尽力去和客户协商挽回。根据商品不同，退换货的差异比较大，一些易损耗的商品，比如新鲜食品，是可以不支持无理由退换货的。直播过程中，这些关键的信息也应该由主播进行详细且清晰的说明。

发货后的退换货应该竭力避免，这需要订单处理团队和客服团队紧密协调。优质的订单管理，会大大地提升客户体验，也给直播团队带来更轻松的销售感受和助推。所以，熟悉、了解并能灵活运用相关的知识做好订单管理，是直播电商行业不可或缺的基本功。

第三节　直播电商的客服处理

课程要点：

· 直播电商的客服特点
· 售前客服和售后客服的处理思路与技巧
· 客服团队的建设
· 智能客服的前景

一、直播电商的客服特点

直播电商客服，拥有以下几个特点。

1. 售前体验提升

直播有个比较明显的体验提升，就是售前信息的高效传达。将售前信息由主播加工并说出来，是消费者售前体验的跨越式提升，也显而易见地提升了下单转化率。

2. 主播和售前客服的工作职责交叉

这种情况并不意味着售前客服完全不需要，反而售前客服的工作挑战更大，售前客服的大量工作集中在了直播期间。在评论区和店铺后台，短时间会涌进来大量的售前请求，客户的注意力转瞬即逝，客服工作的好坏，对下单的转化率影响会比较大。也就是说，这其实对售前客服的要求变得更加高强度、高标准。

3. 售后来源变得更加分散

每一次售后接待的工作和传统电商的区别不大，依旧是处理投诉、维权、物流异常、评价、解释、退换货这样的工作。但在直播过程中，售后的来源变得更加分散。一场典型的直播带货活动，消费者有可能在多个渠道发起售后请求，包括主播的直播间、主播的短视频、主播的私信、商家的店铺后台甚至一些公共平台。这些渠道多数并不属于同一个实体在管理，也不在同一个平台。

这样的信息基本上不可能通过统一的后台接口来进行处理，很多时候需要内群、微信群、钉钉群，这样堆积人力的方式来处理工作，沟通效率和解决效率都比较低。

目前，直播平台的客服工具和后台系统还没有做到尽善尽美。现在随着抖音和快手都开始自建电商系统，平台类的工具肯定会越来越完善。但涉及跨平台的工作，短时间内仍然需要客服团队来做人工处理。

4. 消费者对于平台的客服工具使用需要时间来适应

客服工作相当一部分是对客户进行基础的指导，在工具尚未完善的时候，对客服团队的要求也会相应变高。

二、售前客服和售后客服的处理思路和技巧

1. 售前客服

在直播电商中，售前客服的岗位职责变得更加丰富。传统的售前客服仅限于接待店铺的访客，回答客户的咨询。而直播电商中，售前客服的工作至少包含了以下几项：

（1）传达授权信。

（2）回应直播问题。

（3）处理催单、催付，直播间互动。

（4）客服内容账号的运营。

售前客服的直播化是直播电商的利器，应当充分利用。大部分信息应当交由主播进行高效率的传达。同时，售前客服信息和商品信息一样，也是卖点的重要组成部分，这两者在不同的商品上需要有所侧重。

那么，售前客服的一些思路和技巧，是必须掌握的：

第一，售前问题应当尽量放在直播间来解决。在直播间，主播传达的信息是一对多，而客服私底下沟通是一对一，在效率上有比较大的优势。

第二，客服的沟通，大部分的情况下是平视的态度。客服的惯用语："好的亲""没问题亲""谢谢亲"这些仰视的沟通方式，其实是客服不得已的被动选择。而在直播间，主播客服和消费者之间建立起的是比较平视的沟通角度，相比下来，反而更容易促销成单。

第三，响应时间与响应速度。直播间在售前服务时，粉丝跳转到店铺后台会打断现有的直播观感，这是比较影响消费者体验的。因此应当以最快的速度来处理，让顾客返回直播间，响应时间是售前客服最应该考核的指标。

建议可以设置以智能客服为主，人工客服辅助的方式。对一些常见的、方向性的售前信息进行预设。这些问题用市面上现有的智能客服语义识别系统加以识别、筛选并匹配相应的回答。

2. 售后客服

售后客服的处理思路和技巧，核心其实是归拢多个售后渠道，根据不同渠道特点加以科学的管理。如果说售前的沟通是比较开心、和谐的，适合放在直播间来处理，那么售后的沟通就比较有针对性，也需要对每一个客户的情况非常了解，做出差异化的售后处理，这就决定了售后问题一定不要在直播间这样的公共场合处理。

（1）售后应该私下沟通、避免发酵，必要时交给公关团队来处理。

（2）对直播间内容评论区这样的半公开渠道只处理大面积的问题，提前准备好方案，并给出具体的承诺，短平快的处理，引导顾客转向店铺的一对一。

（3）对于主播私信这样的方式，只需要去引导，不需要去沟通和回访，获取用户信息后交给店铺一对一地来处理。

（4）尽量在店铺后台，进行一对一的沟通，解决问题并安排回访。

售后技巧需要提炼出客服的服务标准，比如善待客户、客户优先、诚信工作、主动承担、爱岗敬业、团队协作等原则。在此基础之上积累沉淀出每一个行业不同的标准用语，比如欢迎用语、对话用语、议价用语、支付用语、催款用语、物流用语、电话用语等。

三、客服团队的建设

售前客服和售后客服，在直播中都变得越来越重要，因此在客服团队建设上要格外重视：

（1）要提高客服团队的权重，客服部门和电商运营部门应当是同比重的处理。

（2）定期到客服组去轮岗，包括选品组、直播运营组、主播组甚至管理者，都应该定期到客服组去体验。

（3）客服团队绩效应该做到标准化、可行性、适用性、差异化，并且全员参与，持续沟通。

（4）通盘考虑，自建客服团队、外包客服、智能客服的协调配置。

（5）自建客服应当向选品专业化、表达主播化的方向发展，更多地承担起个性化的服务。

（6）售后中的一些疑难杂症，可以交给专业的外包客服来处理，比如中差评的处理等。

四、智能客服的前景

考虑到直播期间人工接待能力有上限、直播产品迭代频繁、培训成本高这几个问题，智能客服在直播中的应用场景将会越来越多。

目前来看，智能客服已经可以实现一些技术功能，包括针对纠结买家进行递进式的回复，根据焦点商品进行针对性的应答，也可以根据订单状态智能回复，并且可以较好地完成人机无缝协作。

在不远的将来，可能还会实现向多维度的应对平台考核，自动邀请用户评论，引导买家修改售后理由等这样的功能。在客服团队的建设中，应当勇于尝试智能化的客服系统，并且与自身的行业特色进行定制、审核，搭建出立体而多元的客服体系。

第十章
相关法律、法规

第一节 《中华人民共和国消费者权益保护法》解读（上）

课程重点：

·《中华人民共和国消费者权益保护法》概述

·消费者的重要权利

一、《中华人民共和国消费者权益保护法》概述

《全国人民代表大会常务委员会关于修改〈中华人民共和国消费者权益保护法〉的决定》已由中华人民共和国第十二届全国人民代表大会常务委员会第五次会议于2013年10月25日通过，现予公布，自2014年3月15日起施行。它是维护全体消费者，或者公民消费权益的法律规范的总称。

《中华人民共和国消费者权益保护法》（以下简称《消费者权益保护法》）是为保护消费者的合法权益，维护社会经济秩序，促进社会主义市场经济健康发展而制定的法律。目前国家对于消费者的权益保护越来越重视，消费者会得到更好的消费环境，同时也需要消费者提高自身的消费知识和维权知识，尽可能避免正当的消费权益受到侵害。

二、消费者的重要权利

《消费者权益保护法》对消费者在购买、使用商品和接受服务时的相关权利进行了规定，其中第七条规定，“消费者在购买、使用商品和接受服务时享有人身、财产安全不受损害的权利。消费者有权要求经营者提供的商品和服务，符合保障人身、财产安全的要求。”第十一条规定，“消费者因购买、使用商品或者接受服务受到人身、财产损害的，享有依法获得赔偿的权利。”

第十条则规定了“消费者享有公平交易的权利”，“消费者在购买商品或者接受服务时，有权获得质量保障、价格合理、计量正确等公平交易条件，有权拒绝经营者的强制交易行为。”

第二节 《中华人民共和国消费者权益保护法》解读（下）

课程重点：

· 7 天无理由退货制度
· 耐用商品和举证责任倒置
· 网购平台的责任承担
· 发布虚假广告的责任承担
· 消费者如何合法保护权益

一、 7 天无理由退货制度

《消费者权益保护法》第二十五条规定，“经营者采用网络、电视、电话、邮购等方式销售商品，消费者有权自收到商品之日起七日内退货，且无需说明理由，但下列商品除外：

（1）消费者定作的；

（2）鲜活易腐的；

（3）在线下载或者消费者拆封的音像制品、计算机软件等数字化商品；

（4）交付的报纸、期刊。

除前款所列商品外，其他根据商品性质并经消费者在购买时确认不宜退货的商品，不适用无理由退货。

消费者退货的商品应当完好。经营者应当自收到退回商品之日起七日内返还消费者支付的商品价款。退回商品的运费由消费者承担；经营者和消费者另有约定的，按照约定。”

二、耐用商品和举证责任倒置

《消费者权益保护法》第二十三条第三款规定：“经营者提供的机动车、计算机、电视机、电冰箱、空调器、洗衣机等耐用商品或者装饰装修等服务，消费者自接受商品或者服务之日起六个月内发现瑕疵，发生争议的，由经营者承担有关瑕疵的举证责任。”

该条款对耐用商品发生纠纷时当事人双方的举证责任进行了规定，即举证责任倒置。一般而言，消费者要想证明某个商品存在瑕疵，就必须要拿出证据来，证明这个东西不好用，存在问题。但是对于机动车、计算机等耐用商品，消费者并不掌握这些商品的相关技术信息，因此消费者举证非常困难，其无法证明该商品瑕疵的技术问题主要是什么，或者证明不了这个瑕疵主要是什么问题引起的。

所以最新的《消费者权益保护法》转换为经营者要自证清白，意思就是说，经营者必须要证明产品是合格的，是不存在瑕疵的，这就是所说的实行举证责任倒置，这也破解了消费者举证困难的问题。

这个规则不是广泛适用的，仅适用于机动车等耐用品和装饰装修等服务，而且仅限于购买或者接受服务之日起 6 个月内，如果超过 6 个月就不再适用了。

三、网购平台的责任承担

根据《消费者权益保护法》第四十四条的规定，“消费者通过网络交易平台购买商品或者接受服务，其合法权益受到损害的，可以向销售者或者服务者要求赔偿。网络交易平台提供者不能提供销售者或者服务者的真实名称、地址和有效联系方式的，消费者也可以向网络交易平台提供者要求赔偿；网络交易平台提供者作出更有利于消费者的承诺的，应当履行承诺。网络交易平台提供者赔偿后，有权向销售者或者服务者追偿。

网络交易平台提供者明知或者应知销售者或者服务者利用其平台侵害消费者合法权益，未采取必要措施的，依法与该销售者或者服务者承担连带责任。”

网络交易平台提供者作为第三方，要承担的是有限责任。

（1）在无法提供销售者或者服务者的真实名称、地址和有效联系方式的情况下，要承担先行赔偿责任；

（2）在明知或者应知销售者或者服务者利用平台损害消费者权益的情况下，没有采取必要措施的，要承担连带赔偿责任；

（3）网络交易平台作出更有利于消费者承诺，就像“保证无假货”“假一罚十”等，那么就应当履行承诺，防止承诺不兑现。

特别提示：本条所讲的主要是网购买卖合同，网络交易平台何时承担责任的问题。作为服务合同提供的主体，网络交易平台除了审核义务、信息披露义务，自身还附有其他应尽的义务，例如保障网络的服务安全、告知消费者风险防范、规范信用评估、保护消费者的个人信息不被泄露，同时还要制定纠纷的解决规则，要协助双方解决纠纷和争议，协助出具证据等相应义务。那么网络交易平台如果不履行其应尽的义务，损害消费者权益，也要承担相应的责任。

四、发布虚假广告的责任承担

《消费者权益保护法》第四十五条明确规定，“消费者因经营者利用虚假广告或者其他虚假宣传方式提供商品或者服务，其合法权益受到损害的，可以向经营者要求赔偿。广告经营者、发布者发布虚假广告的，消费者可以请求行政主管部门予以惩处。广告经营者、发布者不能提供经营者的真实名称、地址和有效联系方式的，应当承担赔偿责任。

广告经营者、发布者设计、制作、发布关系消费者生命健康商品或者服务的虚假广告，造成消费者损害的，应当与提供该商品或者服务的经营者承担连带责任。”

针对虚假广告充斥电视节目，包括明星网红代言的产品质量参差不齐，这些情形损害消费者权益的情况，新的《消费者权益保护法》也作出了相应规定：

（1）强化虚假广告发布者的责任，从三个方面做出了具体规定，包括消费者请求行政机关查处的权利，不能提供经营者真实名称、地址、有效联系方式的，广告发布者，经营者也要承担赔偿责任，那么设计制作发布关系到消费者人身生命健康、安全的商品或者服务中的虚假广告，造成消费者损害的，经营者、发布者都要承担连带责任；

（2）规定了虚假推荐者的责任。什么是虚假推荐者，就是社会团体和其他组织，包括个人，在前款虚假广告中，向消费者推荐这个商品或者服务。比如说某网红在直播过程中，大力推荐一款产品，如果这是一个虚假广告的话，对消费者造成损害，应与经营者一起向相关的消费者承担连带责任。

五、消费者如何合法保护权益

《消费者权益保护法》第三十九条规定，“消费者和经营者发生消费者权益争议的，可以通过下列途径解决：

（一）与经营者协商和解；

（二）请求消费者协会或者依法成立的其他调解组织调解；

（三）向有关行政部门投诉；

（四）根据与经营者达成的仲裁协议提请仲裁机构仲裁；

（五）向人民法院提起诉讼”。

第三节 《北京网络直播行业自律公约》解读

课程要点：

·《北京网络直播行业自律公约》概述

·公约主要内容介绍与解读

一、《北京网络直播行业自律公约》概述

2016 年的 4 月 13 日，北京市网络文化协会，协同百度、新浪、搜狐、爱奇艺、乐视、优酷等 20 余家从事网络表演或者直播的主要企业共同发布《北京网络直播行业的自律公约》。

二、公约主要内容介绍与解读

1. 对所有主播进行实名认证

各平台新申请的主播将要求按照以下方式进行实名认证，首先实名的信息提交环节，至少要包括本人的姓名、身份证号码、手机号码、银行卡账户信息，还有主播本人手持身份证照片，且身份证号照片与号码要清晰可以辨认。

如果有不符合要求或者信息不匹配，就不允许认证。除了资料认证之外，还有面对面的人工认证。人工认证的时候，申请者需和审核人员通过视频聊天的过程，回答若干问题，认证的过程要求不少于一分钟，审核人员认定申请者与所提交资料为同一人的，且满足平台认证要求的，给予通过认证。不为 18 岁以下的未成年人提供主播的注册渠道。

2. 对直播房间的要求

在所有的直播房间内添加水印。水印应当包括该网站明显的 logo 或者名称，还要有时间在屏幕中显示，水印的位置应标注在视频画面的左上角或者右上角，尺寸不能小于 50 像素乘 25 像素。

水印和视频画面应该有明显的区别，清晰可见。

3. 对所有直播内容的要求

在直播的过程中，对所有的直播内容进行存储。一定要有存储的媒介，要可以保存，直播平台对同一视频内容，提供多种清晰度供用户选择观看。

保存最高清晰度和最高码率的版本，存储的时间不少于 15 天。

4. 加强对主播的培训与引导

向主播明示国家法律、法规明令禁止的内容。在日常管理的过程中，平台应当加强对主播语言、形体和表演等方面的培训，引导其提供健康、积极和形式多样的直播内容。

5. 建立主播的黑名单制度

黑名单制度是一个负面清单，对于播放涉政、涉枪、涉毒、涉赌、涉暴、涉黄内容的主播，一经发现，情节严重的，各个平台公司除了将此类主播进行封号之外，还应保全该用户的信息和违规或者违法的视频数据，并上传到北京市网络文化协会的数据库进行甄别。

经确认属于黑名单范畴的，协会将黑名单下发至各个直播平台，各个直播平台公司一律不得为列入黑名单的主播，提供直播空间或者直播平台。

6. 落实企业的主体责任

要求各个平台公司和企业，要切实采取有效的措施，开展自查和自纠，对于签约的主播或者直播人员发现问题要及时纠正，要责令改正并且要完善平台的内部管理制度，要求各个主播按照平台内部明令的管理制度进行遵守执行。

还要建立内容审核机制，直播内容审核由各平台公司承担第一责任，对于内容的审核要做到及时纠正，出现问题要及时阻断。配备足够数量的审核人员对直播内容进行7×24小时实时监管，落实信息安全岗位责任和突发事件应急预案。

第四节 《中华人民共和国产品质量法》解读（上）

课程要点：

- 《中华人民共和国产品质量法》概述
- 关于产品的定义和范围
- 相关法条讲解

一、《中华人民共和国产品质量法》概述

《中华人民共和国产品质量法》（以下简称《产品质量法》）也是在消费者权益保护方面很重要的一部法律法规。这部法律是1993年的2月22日，第七届全国人民代表大会常务委员会第三十次会议通过，自1993年9月1号实施的。

2018年的12月29号，第十三届全国人民代表大会常委会第七次会议进行过修改，《产品质量法》是为了加强对产品质量的监督管理，目的是为了加强对产品质量的监督管理，提高产品质量水平，明确产品质量责任，保护消费者的合法权益，维护整个社会的经济秩序。

二、关于产品的定义和范围

什么是产品？《产品质量法》第二条规定："本法所称产品是指经过加工制作，用于销售的产品。"经过加工制作的产品主要包括工业产品、手工业产品、农产品等。而没有经过加工制作的产品，比如矿产品、煤、铁矿石、石油，以及初级农加工的产品，比如小麦、蔬菜、水果、水产品等都不适用《产品质量法》的规定。

产品的范围：

（1）一定是经过加工和制作的产品；

（2）用于销售的产品；

（3）建设工程使用的部分产品。

三、相关法条讲解

1. 《产品质量法》第二十六条

《产品质量法》的第二十六条规定，"生产者应当对其生产的产品质量负责。

产品质量应当符合下列要求：

（一）不存在危及人身、财产安全的不合理的危险，有保障人体健康和人身、财产安全的国家标准、行业标准的，应当符合该标准；

（二）具备产品应当具备的使用性能，但是，对产品存在使用性能的瑕疵作出说明的除外；

（三）符合在产品或者其包装上注明采用的产品标准，符合以产品说明、实物样品等方式表明的质量状况。”

应告知产品上的缺陷，主要是指示缺陷或者说明缺陷，就是在说明书上或者包装上告知产品使用上的缺陷，它是由于产品本身的特性而具有一定的合理危险性。所以对于这类产品，生产者在产品包装或者说明书里面，必须注明必要的警示标志和警示说明，告知注意使用事项。

2.《产品质量法》第二十七条

《产品质量法》的第二十七条规定，“产品或者其包装上的标识必须真实，并符合下列要求：

（一）有产品质量检验合格证明；

（二）有中文标明的产品名称、生产厂厂名和厂址；

（三）根据产品的特点和使用要求，需要标明产品规格、等级、所含主要成份的名称和含量的，用中文相应予以标明；需要事先让消费者知晓的，应当在外包装上标明，或者预先向消费者提供有关资料；

（四）限期使用的产品，应当在显著位置清晰地标明生产日期和安全使用期或者失效日期；

（五）使用不当，容易造成产品本身损坏或者可能危及人身、财产安全的产品，应当有警示标志或者中文警示说明。

裸装的食品和其他根据产品的特点难以附加标识的裸装产品，可以不附加产品标识。”

第五节 《中华人民共和国产品质量法》解读（下）

课程要点：

· 生产者的义务

· 销售者承担的责任和义务

· 出现产品质量安全或者侵权情况的责任

一、生产者的义务

（1）生产者不能生产国家明令淘汰的产品。

（2）不能伪造产地，伪造或者冒用他人的厂址或者厂名。

（3）不能伪造或者冒用认证标志，比如有机食品认证标志、绿色食品认证标志等。

（4）生产的产品，不得掺杂、掺假、以假充真、以次充好、以不合格产品冒充合格产品。

二、销售者承担的责任和义务

销售者就是指除生产者、消费者以外，负责销售该产品的一方，属于流通环节中的一环。

销售者在《产品质量法》里也有相应的责任和相应的义务：

第三十三条规定，“销售者应当建立并执行进货检查验收制度，验明产品合格证明和其他标识。”

第三十四条规定，“销售者应当采取措施，保持销售产品的质量。”比如某些冰鲜产品，要保持产品的质量。

第三十五条规定，“销售者不得销售国家明令淘汰并且停止销售的产品和失效、变质的产品。”

第三十七条规定，“销售者不得伪造产地，不得伪造或者冒用他人的厂名、厂址。”

第三十八条规定，“销售者不得伪造冒用认证标志等质量标志。”

第三十九条规定，“销售者销售产品，不得掺杂、掺假，不得以假充真、以次充好，不得以不合格的产品冒充合格产品。”

三、出现产品质量安全或者侵权情况的责任

《产品质量法》第四十条规定，“售出的产品有下列情形之一的，销售者应当负责修理、更换、退货；给购买产品的消费者造成损失的，销售者应当赔偿损失：

（一）不具备产品应当具备的使用性能而事先未作说明的；

（二）不符合在产品或者其包装上注明采用的产品标准的；

（三）不符合以产品说明、实物样品等方式表明的质量状况的。

销售者依照前款规定负责修理、更换、退货、赔偿损失后，属于生产者的责任或者属于向销售者提供产品的其他销售者（以下简称供货者）的责任的，销售者有权向生产者、供货者追偿。”

《产品质量法》第四十一条规定，“因产品存在缺陷造成人身、缺陷产品以外的其他财产（以下简称他人财产）损害的，生产者应当承担赔偿责任。

生产者能够证明有下列情形之一的，不承担赔偿责任：

（一）未将产品投入流通的；

（二）产品投入流通时，引起损害的缺陷尚不存在的；

（三）将产品投入流通时的科学技术水平尚不能发现缺陷的存在的。”

《产品质量法》第四十二条规定，“由于销售者的过错使产品存在缺陷，造成人身、他人财产损害的，销售者应当承担赔偿责任。销售者不能指明缺陷产品的生产者也不能指明缺陷产品的供货者的，销售者应当承担赔偿责任。”

《产品质量法》里面第四十四条规定，“因产品存在缺陷造成受害人人身伤害的，侵害人应当赔偿医疗费、治疗期间的护理费、因误工减少的收入等费用；造成残疾的，还应当支付残疾者生活自助具费、生活补助费、残疾赔偿金以及由其扶养的人所必需的生活费等费用；造成受害人死亡的，并应当支付丧葬费、死亡赔偿金以及由死者生前扶养的人所必需的生活费等费用。”

《产品质量法》中第四十七条规定，“因产品质量发生民事纠纷时，当事人可以通过协商或者调解解决。当事人不愿通过协商、调解解决或者协商、调解不成的，可以根据当事人各方的协议向仲裁机构申请仲裁；当事人各方没有达成仲裁协议或者仲裁协议无效的，可以直接向人民法院起诉。”

第六节　《中华人民共和国广告法》解读（上）

课程要点：

- 《中华人民共和国广告法》概述
- 广告代言人的定义、权利和义务
- 关于完善保护未成年人身心健康的一些特殊规定
- 关于规范广告发布内容部分的规定

一、《中华人民共和国广告法》概述

《中华人民共和国广告法》（以下简称《广告法》）也是我们国家非常重要的一部法律，在经济法中也是非常重要的一部法律。2015 年 4 月 24 日，中华人民共和国第十二届全国人民代表大会常务委员会第十四次会议，修订通过了《中华人民共和国广告法》。我们现行的《广告法》始自 2015 年 9 月 1 日，规范生产者或者销售者，是在广告宣传活动过程中的一部法律。

二、广告代言人的定义、权利和义务

《广告法》第二条明确规定，“本法所称的广告代言人，是指除广告主以外的，在广告中以自己的名义或者形象对商品、服务作推荐、证明的自然人、法人或者其他组织。”

如果一个企业家为自己的公司代言，那如何认定？比如陈欧，代言了聚美优品，再比如董明珠为格力代言，这种情况是不是广告代言人呢？

单位的负责人，或者法定代表人的行为，与其企业商业的行为，客观上是有密不可分的关系的，所以这是属于广告主。

广告的代言人是要有相应的权利和义务，要受到一定约束的。《广告法》第三十八条规定，“广告代言人在广告中对商品、服务作推荐、证明，应当依据事实，符合本法和有关法律、行政法规规定，并不得为其未使用过的商品或者未接受过的服务作推荐、证明。不得利用不满十周岁的未成年人作为广告代言人。对在虚假广告中作推荐、证明受到行政处罚未满三年的自然人、法人或者其他组织，不得利用其作为广告代言人。”

三、关于完善保护未成年人身心健康的一些特殊规定

（1）广告不得损害未成年人和残疾人的身心健康。

（2）禁止在大众传媒媒介或者公共场所发布声称全部或者部分代替母乳的婴儿乳制品、饮料或其他食品广告。

（3）使用无民事行为能力的人或者限制民事行为能力的人，应当事先征得其监护人的书面同意。

（4）不得利用不满十周岁的未成年人作为广告代言人。

（5）不得在中小学校、幼儿园开展广告活动，也不得利用中小学生和幼儿的教材、教学辅助资料发布广告，或者采用变相的方式发布广告。

（6）针对未成年人的大众传媒，不得发布药品、保健食品、医疗器械、化妆品，包括酒类、医疗、美容广告以及一些不利于未成年人身心健康的网络游戏广告。

（7）针对 14 岁以下未成年人的产品、商品或者服务的广告，不得含有诱导或者劝诱其要求家长购买的内容，也不能有可能引发其模仿的不安全的行为。

四、关于规范广告发布内容部分的规定

《广告法》第九条明确规定，“广告不得有下列情形：

（一）使用或者变相使用中华人民共和国的国旗、国歌、国徽，军旗、军歌、军徽；

（二）使用或者变相使用国家机关、国家机关工作人员的名义或者形象；

（三）使用“国家级”、“最高级”、“最佳”等用语；

（四）损害国家的尊严或者利益，泄露国家秘密；

（五）妨碍社会安定，损害社会公共利益；

（六）危害人身、财产安全，泄露个人隐私；

（七）妨碍社会公共秩序或者违背社会良好风尚；

（八）含有淫秽、色情、赌博、迷信、恐怖、暴力的内容；

（九）含有民族、种族、宗教、性别歧视的内容；

（十）妨碍环境、自然资源或者文化遗产保护；

（十一）法律、行政法规规定禁止的其他情形。”

第七节　《中华人民共和国广告法》解读（下）

课程要点：

· 什么是虚假广告
· 互联网广告相关规定
· 加强社会公众对传播媒介广告发布行为的监督
· 提高法律责任的震慑力

一、什么是虚假广告

在做广告，尤其是在进行宣传的时候，一定要有真实性，如果缺乏事实依据，构成虚假宣传，是需要承担相应责任的。

《广告法》第二十八条规定，“广告以虚假或者引人误解的内容欺骗、误导消费者的，构成虚假广告。

广告有下列情形之一的，为虚假广告：

（一）商品或者服务不存在的；

（二）商品的性能、功能、产地、用途、质量、规格、成分、价格、生产者、有效期限、销售状况、曾获荣誉等信息，或者服务的内容、提供者、形式、质量、价格、销售状况、曾获荣誉等信息，以及与商品或者服务有关的允诺等信息与实际情况不符，对购买行为有实质性影响的；

（三）使用虚构、伪造或者无法验证的科研成果、统计资料、调查结果、文摘、引用语等信息作证明材料的；

（四）虚构使用商品或者接受服务的效果的；

（五）以虚假或者引人误解的内容欺骗、误导消费者的其他情形。”

二、互联网广告相关规定

互联网时代到来以后，《广告法》对于将互联网广告纳入广告法的调整范围中，也作出了明确的规定：

（1）《广告法》第四十四条规定，“利用互联网从事广告活动，适用本法的各项规定。

利用互联网发布、发送广告，不得影响用户正常使用网络。在互联网页面以弹出等形式发布的广告，应当显著标明关闭标志，确保一键关闭。”

（2）如果广告发布主利用平台发布广告，或者发送广告，而且是违法的广告，应当予以制止；如果违反了不予制止，仍然利用互联网发布广告，应当对互联网网站平台进行处罚。

（3）违反第四十四条规定的，也就是在互联网上发布广告，没有显著的标明关闭标志，确保一键关闭的，除了责令改正之外，还可以处以 5000 元以上和 30000 元以下的罚款。

三、加强社会公众对传播媒介广告发布行为的监督

《广告法》赋予社会公众对违法广告和虚假广告的投诉和举报的权利。工商行政部门、市场监督部门和有关部门应当向社会公开受理投诉举报的电话，包括信箱或者电子邮件地址，在接到投诉举报之日起 7 个工作日内处理，并且告知投诉和举报人。

对于工商行政或者市场监管部门不依法履行职责的，任何单位和个人都有权向其上级机关或者相关

的监察机关举报。接到举报的机关应当依法作出处理，并且将处理结果及时告知举报人，相关的部门应当为举报人和投诉人保守秘密，这是对于《广告法》中，赋予社会公众对违法广告和虚假广告投诉和举报得到相应的权利。

四、提高法律责任的震慑力

在区分违法广告和虚假广告的社会危害程度和具体情节的前提之下，给予不同力度的处罚和处罚措施，提高相应的处罚力度，尤其是针对虚假广告以及关系到社会大众生命健康的商品或服务的严重违法广告，也规定了最高100万元的行政处罚，以及吊销企业营业执照、撤销广告审查批准文件，或者一年内不受理其广告审查申请的行政处罚措施。

那么针对违反规定，阻挠市场监督管理部门或者工商部门的监督检查，或者构成其他违反社会治安行为的，依法给予治安管理处罚，如果在这个过程中构成犯罪的，还要依法追究其刑事责任。另外，同时还增加了信用的一些惩戒措施，比如规定违法发布广告的，由工商行政管理部门记入信用档案并依法公示。

第八节　《零售商促销行为管理办法》解读

课程要点：

- 零售商和促销的含义
- 开展促销活动的原则
- 管理办法的重要法条和解读

一、零售商和促销的含义

《零售商促销行为管理办法》是2006年7月13日，商务部第七次会议审议通过，并经过发改委、公安部、国家税务总局和当时的国家工商行政管理总局同意，自2006年10月15日公布实施的。

《零售商促销行为管理办法》制定的目的和原因主要是为了规范零售商的促销行为，保障消费者的合法权益，维护公平竞争秩序和社会公共利益，促进零售行业健康有序的发展。

零售商：是指依法在工商行政管理部门登记注册，直接向消费者销售商品的企业或者其分支机构个体工商户。

促销：文件所称的促销是指零售商为吸引消费者、扩大销售而开展的营销活动。

二、开展促销活动的原则

（1）零售商开展促销活动应当遵循合法、公平、诚实守信的原则，遵守商业道德，不得开展违反社会公德的促销活动，不得扰乱市场竞争秩序和社会公共秩序，不得侵害消费者和其他经营者的合法权益。

（2）零售商开展促销活动应当具备相应的安全设备和管理措施，以确保消防安全通道的畅通，对开业、节庆、店庆等规模较大的促销活动，零售商应当制订安全应急预案，保证良好的购物秩序，防止因促销活动造成交通拥堵、秩序混乱、疾病传播、人身伤害和财产损失。

（3）零售商开展促销活动，其促销商品（包括有奖销售的奖品、赠品）应当依法进行纳税。

（4）零售商开展促销活动应当明码标价。价签价目要齐全，标价内容真实明确，字迹清晰，货签对位，标识醒目，不得在标价以外加价出售商品，不得收取任何未明示的费用。

（5）零售商开展促销活动，不得利用虚构原价打折或者令人误解的标价形式或价格手段欺骗、诱导消费者购买产品。

（6）零售商开展有奖销售活动应当展示奖品、赠品，不得以虚构的奖品、赠品价值额或含糊的语言文字误导消费者。

（7）零售商不得虚构清仓、拆迁、停业、歇业转行等事由开展促销活动。

（8）消费者要求提供促销商品发票或购物凭证的，零售商应当及时开具，并不得要求消费者负担额外的费用。

如果零售商违反本办法的规定，法律法规有直接规定的从其规定，如果没有规定的，要求责令改正，有违法所得的，可以处以违法所得三倍以下的罚款，最高不超过三万，没有违法所得的，可以处以一万元以下的罚款，并且予以公示和公告。

三、管理办法的重要法条和解读

《零售商促销行为管理办法》第六条规定，“零售商开展促销活动应当具备相应的安全设备和管理措施，确保消防安全通道的畅通。对开业、节庆、店庆等规模较大的促销活动，零售商应当制定安全应急预案，保证良好的购物秩序，防止因促销活动造成交通拥堵、秩序混乱、疾病传播、人身伤害和财产损失。”

《零售商促销行为管理办法》第八条规定，“对不参加促销活动的柜台或商品，应当明示，并不得宣扬称全场促销，明示例外的商品，含有限制性条件，附加条件的促销规则时，其文字和图片应当醒目明确。”

《零售商促销行为管理办法》第十四条规定，“零售商开展促销活动，不得降低促销商品（包括有奖销售的奖品、赠品）的质量和售后服务水平，促销商品应当符合保障人体健康和人身、财产安全的要求。”

《零售商促销行为管理办法》第十五条规定，“零售商开展有奖销售活动，应当展示奖品、赠品，不得以虚构的奖品、赠品价值额或含糊的语言文字误导消费者，不得将质量不合格的物品作为奖品、赠品。”

《零售商促销行为管理办法》中第十六条规定，“零售商开展限时促销活动的，应当保证商品在促销时段内的充足供应。零售商开展限量促销活动的，应当明示促销商品的具体数量。连锁企业所属多家店铺同时开展限量促销活动的，应当明示各店铺促销商品的具体数量。”

《零售商促销行为管理办法》第二十条规定，“促销活动期间或促销活动结束后，消费者对所购的促销商品要求退换货的，零售商应当按照相关规定予以退换，并提供便利的服务，不得以促销为由拒绝，不得为消费者退换货设置障碍。”

第九节 《电子商务法》解读（上）

课程要点：

- 《电子商务法》概念与定义
- 《电子商务法》的重点法条解读

一、《电子商务法》概念与定义

2013年12月27号，全国人大常委会正式启动了关于《中华人民共和国电子商务法》的立法进程。2018年8月31号，十三届全国人大常委会第五次会议表决通过《电子商务法》，自2019年1月1日起实施。

这部法律是为了保障电子商务各方主体的合法权益，规范电子商务行为，维护市场秩序，促进电子商务持续健康发展而制定的。

《电子商务法》从法律概念上和定义上，是调整平等主体之间通过电子行为，设立、变更和消灭财产关系以及人生关系的法律规范，是政府调整企业、个人，以数据电文等电子方式为交易手段，通过信息网络所产生的因交易形式而引起的各种上市交易关系。

二、《电子商务法》的重点法条解读

1. 电子商务金融主体的定义和划分

《电子商务法》第九条规定，“本法所称电子商务经营者，是指通过互联网等信息网络从事销售商品或者提供服务的经营活动的自然人、法人和非法人组织，包括电子商务平台经营者、平台内经营者以及通过自建网站、其他网络服务销售商品或者提供服务的电子商务经营者。”

2. 电子商务经营者的登记问题

《电子商务法》第十条规定，“电子商务经营者应当依法办理市场主体登记。”如办理营业执照，个体工商户的营业执照，或个人独资企业，或公司等营业执照。

这个也有例外，假设我是个人，销售自己生产的农副产品或家庭手工业产品。《电子商务法》里面有明确的规定：“个人销售自产农副产品、家庭手工业产品，个人利用自己的技能从事依法无须取得许可的便民劳务活动和零星小额交易活动，以及依照法律、行政法规不需要进行登记的除外。”

3. 依法纳税和办理纳税登记

《电子商务法》第十一条规定，“电子商务经营者应当依法履行纳税义务，并依法享受税收优惠。

依照前条规定不需要办理市场主体登记的电子商务经营者在首次纳税义务发生后，应当依照税收征收管理法律、行政法规的规定申请办理税务登记，并如实申报纳税。”

4. 合法合规的经营部分

《电子商务法》第十二条规定，“电子商务经营者从事经营活动，依法需要取得相关行政许可的，应当依法取得行政许可。”例如食品的经营者，就应该依法取得食品经营或者食品流通许可证或者食品生产许可证。如果是从事医疗或者药品经营的，应当取得医疗器械经营许可证和药品经营许可证。

《电子商务法》第十四条规定，“电子商务经营者销售商品或者提供服务应当依法出具纸质发票或者电子发票等购货凭证或者服务单据。电子发票与纸质发票具有同等法律效力。”

《电子商务法》第十五条规定，“电子商务经营者应当在其首页显著位置，持续公示营业执照信息、与其经营业务有关的行政许可信息、属于依照本法第十条规定的不需要办理市场主体登记情形等信息，或者上述信息的链接标识。”

《电子商务法》第十六条明确规定，“电子商务经营者自行终止从事电子商务的，应当提前三十日在首页显著位置持续公示有关信息。”

《电子商务法》第十七条明确规定，“电子商务经营者应当全面、真实、准确、及时地披露商品或者服务信息，保障消费者的知情权和选择权。电子商务经营者不得以虚构交易、编造用户评价等方式进行虚假或者引人误解的商业宣传，欺骗、误导消费者。”

《电子商务法》第二十二条明确规定，“电子商务经营者因其技术优势、用户数量、对相关行业的控制能力以及其他经营者对该电子商务经营者在交易上的依赖程度等因素而具有市场支配地位的，不得滥用市场支配地位，排除、限制竞争。”

第十节　《电子商务法》解读（下）

课程要点：

- 《电子商务法》中关于个人信息保护的规定
- 《电子商务法》对消费者权益的保护
- 《电子商务法》关键内容的分析

一、《电子商务法》中关于个人信息保护的规定

《电子商务法》第十八条规定，“电子商务经营者根据消费者的兴趣爱好、消费习惯等特征向其提供商品或者服务的搜索结果的，应当同时向该消费者提供不针对其个人特征的选项，尊重和平等保护消费者合法权益。电子商务经营者向消费者发送广告的，应当遵守《中华人民共和国广告法》的有关规定。”

《电子商务法》第二十三条规定，“电子商务经营者收集、使用其用户的个人信息，应当遵守法律、行政法规有关个人信息保护的规定。”

《电子商务法》第二十四条规定，“电子商务经营者应当明示用户信息查询、更正、删除以及用户注销的方式、程序，不得对用户信息查询、更正、删除以及用户注销设置不合理条件。电子商务经营者收到用户信息查询或者更正、删除的申请的，应当在核实身份后及时提供查询或者更正、删除用户信息。用户注销的，电子商务经营者应当立即删除该用户的信息；依照法律、行政法规的规定或者双方约定保存的，依照其规定。”

《电子商务法》第二十五条规定，“有关主管部门依照法律、行政法规的规定要求电子商务经营者提供有关电子商务数据信息的，电子商务经营者应当提供。有关主管部门应当采取必要措施保护电子商务经营者提供的数据信息的安全，并对其中的个人信息、隐私和商业秘密严格保密，不得泄露、出售或者非法向他人提供。”

二、《电子商务法》对消费者权益的保护

1. 要求提供的商品和服务要合法，要符合法律的规定

电子商务经营者，销售的商品或者提供的服务，应当符合保障人身、财产安全的要求和环境保护的要求，不得销售或者提供法律、行政法规禁止交易的商品或者服务。

2. 不得随意搭售

电子商务经营者搭售商品或者服务的，要以显著的方式提醒消费者注意，不得将搭售商品或者服务作为默认同意的选项。

3. 交付风险的保护

电子商务的经营者，应当按照承诺或者与消费者约定的方式，实现向消费者交付商品或者服务，并且承担运输过程中的风险和责任。

4. 押金的收取和退还

《电子商务法》第二十一条规定，“电子商务经营者按照约定向消费者收取押金的，应当明示押金退还的方式、程序，不得对押金退还设置不合理条件。消费者申请退还押金，符合押金退还条件的，电子商务经营者应当及时退还。”

三、《电子商务法》关键内容的分析

1. 关于信誉的评价

《电子商务法》第十七条规定，“电子商务经营者应当全面、真实、准确、及时地披露商品或者服务信息，保障消费者的知情权和选择权。电子商务经营者不得以虚构交易、编造用户评价等方式进行虚假或者引人误解的商业宣传，欺骗、误导消费者。”

第三十九条规定，“电子商务平台经营者应当建立健全信用评价制度，公示信用评价规则，为消费者提供对平台内销售的商品或者提供的服务进行评价的途径。电子商务平台经营者不得删除消费者对其平台内销售的商品或者提供的服务的评价。”

2. 不得大数据“杀熟”

《电子商务法》第十八条规定，“电子商务经营者根据消费者的兴趣爱好、消费习惯等特征向其提供商品或者服务的搜索结果的，应当同时向该消费者提供不针对其个人特征的选项，尊重和平等保护消费者合法权益。电子商务经营者向消费者发送广告的，应当遵守《中华人民共和国广告法》的有关规定。”

第三十五条规定，“电子商务平台经营者不得利用服务协议、交易规则以及技术等手段，对平台内经营者在平台内的交易、交易价格以及与其他经营者的交易等进行不合理限制或者附加不合理条件，或者向平台内经营者收取不合理费用。”